现代企业管理及其信息化建设

拾晓珮　林志德　刘芳梅　著

天津出版传媒集团
天津科学技术出版社

图书在版编目（CIP）数据

现代企业管理及其信息化建设 / 拾晓珮，林志德，刘芳梅著. -- 天津：天津科学技术出版社，2024.5
ISBN 978-7-5742-2003-4

Ⅰ. ①现… Ⅱ. ①拾… ②林… ③刘… Ⅲ. ①企业管理－信息化－研究 Ⅳ. ①F272.7-39

中国国家版本馆CIP数据核字(2024)第106777号

现代企业管理及其信息化建设
XIANDAI QIYE GUANLI JIQI XINXIHUA JIANSHE

责任编辑：王　冬
责任印制：兰　毅

出　　版：天津出版传媒集团
　　　　　天津科学技术出版社
地　　址：天津市和平区西康路35号
邮　　编：300051
电　　话：（022）23332377
网　　址：www.tjkjcbs.com.cn
发　　行：新华书店经销
印　　刷：河北万卷印刷有限公司

开本 710×1000　1/16　印张 14.5　字数 200 000
2024年5月第1版第1次印刷
定价：88.00元

前言

作为经济的主要参与者，企业在创造就业机会、提供商品和服务、刺激创新和技术发展、促进国内外贸易、推动经济增长等方面发挥着重要作用。而在数字时代的浪潮下，现代企业管理及其信息化建设成为推动企业发展的核心动力。本书在介绍现代企业管理与信息化理论的基础上，探讨了如何通过信息技术的整合与应用，优化管理策略，提升企业运营效率，以及在此过程中如何有效地识别和控制风险。

全书共八章，分别介绍了现代企业管理概述、现代企业信息化概述、现代企业财务管理及其信息化、现代企业人力资源管理及其信息化、现代企业战略管理及其信息化、现代企业业绩评价及其信息化、现代企业档案管理及其信息化、现代企业信息化风险及其控制措施等内容。

本书旨在为企业管理者、信息技术人员以及学术研究人员提供实用指导和理论参考，助力现代企业管理及其信息化建设的研究与实践。书中难免有不足之处，恳请广大读者批评指正！

目录

第一章　现代企业管理概述

第一节　企业的内涵与类型

一、企业的内涵

（一）企业的概念

企业是从事生产、流通、服务等经济活动，以产品或服务满足社会需要，实行自主经营、独立核算、依法设立的一种营利性的经济组织。①

（二）企业的特点

每个企业都有体现其个体特色的属性，同时，不同的企业由于同属企业类别而拥有一些共同的特点，如图 1-1 所示。

图 1-1　企业的特点

① 周荣辅，王玖河．现代企业管理［M］．北京：机械工业出版社，2012：3.

1.企业是一个经济性组织

对于社会经济活动来说，其核心是在有限的资源约束下，以最小的投入产生最大的社会财富，进而满足社会物质和文化需求的不断增长。在这一框架内，企业作为经济性质的组织，扮演着投入与产出系统的角色——企业通过生产活动和市场营销活动，将资源转化为满足用户需求的产品或服务。企业的经济目标是在其运营过程中实现产出相对于投入的最大化。具体来说，企业区别于行政机关和福利机构的一个重要方面在于其追求盈利——盈利既反映了企业创造的附加价值，也代表了社会对企业产品和服务的需求满足度的认可和回报。一般来说，在一个成熟的市场经济体系中，企业所得利润与其对社会的贡献成正比关系，反之，亏损企业则被视为对社会资源的一种占用和浪费。企业的经济目标和营利性除与自身发展相关外，还关系到员工生活水平、政府税收、国民福利与公共事业投入。

2.企业是一个社会性单位

企业作为社会性单位，承担着多重功能和责任。首先，企业是经济活动的主体，通过生产和提供商品或服务促进社会经济的发展。其次，企业在社会结构中扮演着重要角色，为社会成员提供就业机会，帮助社会成员实现职业发展和收入增长。再次，企业是技术创新和进步的重要推手，通过研发新技术、新产品为社会的科技进步和现代化发展贡献力量。最后，企业担负着社会责任。在追求经济利益的同时，企业需要做好环境保护，积极参与公益事业，改善员工福利和工作环境，努力回馈社会。

3.企业是一个自主经营系统

企业作为一个自主经营系统，拥有独立运作的能力和自主决策的特性。企业拥有自己的经营战略和目标，通过内部的管理机构和流程，实现对资源的有效配置和管理。企业在市场经济中自行制订生产计划、销售策略以及价格体系，旨在最大化利润和市场份额。在这个过程中，企业会根据市场需求、竞争态势和内部能力，灵活调整其产品和服务。企业还负责自身财务的管理，包括资金的筹集、使用和风险控制。此外，企业自主招聘员工，并根据业务需求制订培训计划和晋升路径。企业文化的塑造也是自主经营系统的一部分——企业通过强化特定的价值观和行为准则，构建独特的组织氛围和品牌形象。

4.企业不一定是法人

法人是指根据法定程序设立，有一定的组织机构和独立的财产，参加民事活动的社会组织，如公司、社团等。法人独立享有与其业务有关的民事权利，承担相应的民事义务（区别于“自然人”）。

企业有个人独资企业、合伙企业、有限责任公司、股份有限公司等形式。其中，个人独资企业和合伙企业没有法人资格。《中华人民共和国公司法》所称的“公司”包括有限责任公司和股份有限公司。《中华人民共和国公司法》第三条和第四条规定：公司是企业法人，有独立的法人财产，享有法人财产权。公司以其全部财产对公司的债务承担责任。公司的合法权益受法律保护，不受侵犯。有限责任公司的股东以其认缴的出资额为限对公司承担责任；股份有限公司的股东以其认购的股份为限对公司承担责任。公司股东对公司依法享有资产收益、参与重大决策和选择管理者等权利。

5.企业是历史发展的产物

企业的出现与发展是商品经济进步的直接结果，也是生产力达到一定发展阶段的标志。

在奴隶制度和封建制度下，人类社会的经济活动主要是自给自足的自然经济，家庭单位既是社会的基础也是经济的单元。在这些时期，手工业作坊的生产主要是为了自给或为奴隶主、封建主提供消费品，而非出于交换目的。基于家庭和手工业作坊的这种自给自足的生产方式，并不构成企业。当商品交换达到一定规模，特别是当中间商开始介入生产和交换时，最初的企业组织形式——简单协作生产制开始出现，这一生产形式的中心是中间商控制家庭或手工业作坊的生产，而生产的原料购买和产品销售则与生产活动分离。虽然生产工具和劳动力仍然主要依靠家庭或手工业作坊，但生产者已逐渐过渡为雇工，生产目的也不再是个人或家庭消费，而是开始向社会化生产方式转变。随着工业革命的兴起和机器生产的应用，控制着市场、原料和资本的中间商开始直接进行生产投资，在这个时期，机器并没有进入家庭，相反，家庭作为经济单位被彻底打破，生产者被转变为雇佣工人和无产阶级。基于第一次工业革命的工厂生产制企业成为这个时期的企业形态。

有人说，企业自从诞生以来，便承载着“希望与罪恶”的双重性质。它代表着新的生产方式，引领了社会化生产的开始，带来了生产效率与管理效率的飞跃，促进了创新和创造活动。同时，企业的功利性倾向也导致经营者在看似合理的手段下，无限制地追求剩余价值，获取巨额利润，并以各种手段实现其目标。对此，人们需要客观看待企业的存在，并在社会具体形态和不断发展中深化对于企业的认识。

二、企业的类型

（一）按所有制性质分类

1. 国有企业

国有企业也称作全民所有制企业，是指产权归国家所有的经济实体。这些企业在法律上独立注册和登记，拥有自主经营的权利，独立承担盈亏，并进行独立核算。作为拥有法人资格的单位，国有企业以国家赋予的资产承担民事责任，其资产归国家所有，并以保值增值国有资产为经营目标。国有企业的运营受国家管理机构的管理水平和人员素质影响，这些因素直接关系到国有企业的运作。国有企业亏损一般包括因管理不善导致的经营性亏损，以及为实现国家指定的社会公益目标或计划而产生的政策性亏损。国有企业在市场经济中的政府性行为与市场经济的适应性问题，是国有企业改革与发展中的重要课题。

2. 集体企业

集体企业即集体所有制企业，属于部分劳动群众集体所有，经法定程序注册和登记。在中国，集体所有制主要表现在农业和工商业两个方面，农业中的集体所有制主要指的是家庭联产承包责任制。

3. 私营企业

私营企业是指生产资料为私人所有的商业实体，通过法定程序注册和登记，其所有权属于个人企业主。通常私营企业的资金规模相对较小。

4. 外商投资企业

外商投资企业是指依照中国法律法规，在中国境内设立的，由中国投资者与外国投资者共同投资，或者由外国投资者单独投资的企业。

5. 混合所有制企业

混合所有制企业是包含不同所有制类型的企业，其所有权可能包括国家和集体的公有成分，也可能包括个人和外资的私有成分。混合所有制的性质赋予了企业更大的灵活性，使企业在资源的优化组合、合理调配和适应变化方面具有较强的能力。

（二）按资本来源的国别分类

1. 中资企业

中资企业指的是那些资本主要来自中国境内的商业实体，所有者可以是中国的公民或是在中国注册的法人及其他组织。中国的企业界主要由这类企业构成。

2. 外资企业

外资企业又称外商独资企业，是由外国企业、经济组织或个人根据中国法律法规，在中国境内成立的，资本完全由外国投资者提供的企业。

3. 中外合资经营企业和中外合作经营企业

中外合资经营企业是外国投资者与中国投资者根据中国法律法规共

同在中国境内设立的企业。在这种企业形式下，双方投资者共同投资、经营，并根据各自的投资比例共同承担风险与盈亏。中外合资经营企业通常以有限责任公司的组织形式存在。

与此相似的还有中外合作经营企业，它是基于合同形式的中外合营实体。在这种模式下，外国企业、经济组织或个人与中国企业或经济组织根据中国法律法规在中国境内建立合作关系，双方通过契约来确定各自的权利与义务。这类企业可能会获得中国的法人资格，也可能不具备法人资格。具有法人资格的中外合作经营企业一般以有限责任公司的形式出现，投资者对企业的责任限于其投资或提供的合作条件；而没有法人资格的中外合作经营企业，其合作双方依照中国民事法律的有关规定承担民事责任。

（三）按信用基础分类

1.人合型企业

人合型企业是基于个人之间的信任关系建立的企业，例如合伙企业，其投资者基于彼此的信任来组建企业并共享决策权。这类企业通常受到人际关系、信誉和个人资金能力的限制，因此在融资方面的能力较弱，且规模相对较小。

2.资合型企业

资合型企业建立在资产之上，且信用基础亦是资产。股份有限公司是这类企业的代表。这类企业由于信用基础较为稳固，所以具备较强的融资能力，企业规模也倾向于较大。

3.两合型企业

两合型企业结合了人合型企业和资合型企业的特点。其主要股东或运营者之间的合作建立在相互信任的基础之上，而普通股东则依赖于资产作为信用保障。虽然这种企业模式集合了两者的优势，但在实际的组建和运营过程中也展现出一些固有的不足，故并未普遍流行。

（四）按组织形式分类

1. 个人独资企业

个人独资企业由单一个体投资并经营，企业的财产和收益归个人所有。在财务责任方面，该个体需对所有债务承担无限责任。这种企业结构完全由一个人控制和管理。

2. 合伙企业

合伙企业是基于合伙人之间的协议建立的。在这种组织中，合伙人共同投资，一起管理业务，分享利润，也共同承担企业运营中的风险。合伙企业的负债由所有合伙人承担连带责任，意味着每位合伙人都可能对合伙企业的全部债务负责。

3. 公司制企业

在我国，公司形式有有限责任公司和股份有限公司。

（1）有限责任公司。有限责任公司由法定数量股东组成，股东以各自的出资额或加上承诺的担保额为限承担公司债务。其特征如下：不对外发行股票，股东出资额通过协商决定，出资后获得出资证明作为权益凭证。股东人数有最高限额，以避免管理决策延迟和官僚现象。股权转让受到限制，需得到全体股东一致同意，且其他股东享有优先购买权。有限责任公司的账目保持不公开。

需要注意的是，国有独资公司是一种特殊的有限公司形式，是由国家通过授权投资的机构或部门单独设立的，由于这类公司仅有一个投资者——国家，因此它不设立股东会。

（2）股份有限公司。股份有限公司是一种资本分成等额股份的公司形式，每个股东的责任限于其认购的股份数额。这类公司能够对外公开发行股票，股票可以自由交易，股东的所有权利和义务都随着股票的转移而转移。股份有限公司的股东人数有一个法定的最低限制，但没有最高限制，这使公司可以通过公开发行股票来募集资金，进而支持其规模的扩大并增强竞争力。这是一种现代企业组织形式的典范，建立在股东投资的基础之上，公司的信用仅基于公司资产，与个别股东的财务状况无关。通常，股份有限公司的规模较大，具备强大的市场竞争能力。

（五）按企业间的从属关系分类

大部分企业是独立的，也有些企业间存在从属关系，如母公司与子公司、总公司与分公司。

1.母公司与子公司

母公司与子公司的关系是基于股权控制的。母公司通常通过持有另一公司一定比例的股票或资产来实现对该公司的控制，使其成为控股公司；受母公司控制的公司称为子公司。这两种公司形态都具有法人资格。母公司通常通过其在子公司的股东会和董事会中的影响力实施控制。企业集团是围绕一个核心母公司形成的，通过股权关系将多个企业联系在一起，构成一个包含多个法人实体的集团。尽管这些企业在法律上保持独立的法人地位，但集团本身并不具备法人资格。企业集团是在公司法人制度基础上建立的，成员企业虽然相互独立，但在实际运作中往往由母公司控制。换言之，企业集团是由多个具有独立法人资格的企业组成的企业群体，本身并不是法人，企业集团是建立在公司法人制度基础上的，其成员企业在法律上各自保持独立法人的地位。①母子公司的特征如下。

（1）母公司结构具有显著的资本效应，仅需持有足够控股比例的股份，即可指导子公司按照既定的经营策略行事，实现较小的资本投入对多家企业的控制，进而放大资金使用效益。

（2）通过建立母子公司关系，母公司能够在扩展经营规模时分散风险。在多元化经营策略下，高风险的业务可由子公司承担，减少总体运营风险，同时，母公司通过对子公司的有限责任投资，在子公司盈利时分得收益。

---

① 连波，杜林慧．现代企业管理基础与实务的创新研究[M]．北京：中国原子能出版社，2021：9.

（3）母子公司的构建能促进资金的高效利用，母公司可以将省下的资金和时间投入回报更高的领域，以实现资源的优化配置。

2. 总公司与分公司

总公司和分公司之间的关系建立在管理和控制基础之上。总公司通常是企业的主要管理机构，负责重大的财务调度、人事分配和经营决策。分公司是总公司的附属机构，在法律和经济上缺乏独立性。具体而言，分公司通常不拥有独立的公司名称和章程，不拥有自己的资本，不单独进行会计核算，也不作为独立的纳税实体。在对外商业活动中，分公司不单独承担民事责任，其业务成果和相关后果都由总公司统一承担。

上文介绍了企业的各种类型。我国当前的企业制度是随着改革开放特别是社会主义市场经济的发展而逐步建立的，这一制度仍在不断的改革和完善过程中。加强对企业制度的研究，不断完善这一体系，将有助于加深人们对企业相关理论和制度结构的认识，推动经济体制的进一步发展。

第二节 企业管理基础知识

一、管理概述

（一）管理的概念

自古以来，管理活动就在人类社会中存在。随着时间的推移，人们逐渐认识到管理的重要性，并在20世纪建立了较为完备的管理理论体系。在管理理论的探索过程中，经过众多学者的研究与定义，一种被人们广泛接受的管理的概念得以形成：管理是社会组织中，为了实现预期的目标，以人为中心进行的协调活动，是一切有组织的集体活动所不可缺少的要素。[①]

（二）管理的基本特征

1. 管理是一种社会现象

管理普遍存在于各种组织和社会活动中，它是人类社会进步与发展的必然产物，反映了人们在社会生活中对资源分配、目标设定和实现、决策制定以及监督执行等方面的需要。管理的实质在于通过协调和指导，使组织内的个体或团队高效地工作以达成共同的目标。它既关系着组织的运作效率，也会影响组织的整体结构和功能。在管理过程中，人际交往、决策制定、资源分配等活动展现了管理的社会性质。此外，管理体现在对社会变化的响应和适应上，例如，不断演进的管理理论和实践反映了社会发展的趋势和需求。

2. 管理的本质是协调

管理的本质是协调，协调的目的是确保个体的努力与集体的预期目标保持一致。对于一个组织来说，无论是在执行管理职能时还是在做出管理决策时，协调都是必不可少的。

3. 管理的目的是实现特定的目标

管理的目的在于实现特定的目标，这些目标或者是企业的经济效益最大化、社会责任的履行、技术创新的推进，或者是非营利组织的社会效益追求等。管理者可通过规划、组织、领导和控制等多种手段，来确保各项活动和资源分配都围绕这些目标进行。有效的管理能够帮助组织明确其目标，并提供实现这些目标的策略和路径。在这个过程中，管理活动指导和协调组织内外的资源，以确保目标的顺利达成，并对组织内外环境变化做出反应和调整，以适应目标实现的需要。

4. 管理的主体是管理者

管理的本质在于引导他人积极参与、共同实现既定目标。管理者对

---

① 丁仁忠，严寿藥．现代企业管理基础[M]. 上海：立信会计出版社，2000：3.

于管理效果负有重大责任。首先，管理者的主要责任是管理整个组织，确保组织作为一个整体运作，为此，管理者需要清晰地明确目标是什么，如何实现这些目标，以及如何使组织获得更大的效益。其次，管理者应管理好下属管理者，这可以通过目标管理和激励来进行。同时，管理者应致力于培养其下属。最后，管理者应关注组织的运作和从事生产的工人，激发组织成员的创造热情，以达到组织的最佳效果。

5. 管理的核心是妥善处理人际关系

无论是管理下属管理者还是管理工人，归根结底是处理人与人之间的关系。任何资源的分配都是以人为中心的。由于个体的价值观、物质利益、精神状态、素质、信仰，以及社会文化背景、历史传统等的差异，管理中难免会出现不平衡、不配合的情况，这些都需要通过人际关系的协调来解决，所以妥善处理人际关系是管理活动的核心。

（三）管理的职能

在管理学中，不同行业、部门或性质的管理在具体业务方法和内容上各有不同，但它们在管理职能方面表现出一致性。管理职能体现在管理的整个过程中，对这些职能的研究有助于对管理原理和方法进行普遍性的总结，形成适用于各种管理场景的共同理论基础和框架。

由于管理理论学者和实际工作者在分析问题的方法、角度及习惯上存在差异，对管理过程的理解也不尽相同，故他们对管理职能的定义和分类也存在差异。目前，国内外的管理书籍主要将管理职能分为五种类型："一职能"（组织或决策）、"二职能"（计划、控制）、"三职能"（计划、组织、控制）、"四职能"（计划、组织、领导、控制）和"五职能"（计划、组织、指挥、控制、协调）。这五种分类方法都有其合理之处。但从管理过程分析的角度来看，过于泛泛的职能划分无法全面描述管理过程；而过于细致的划分又会导致管理职能间的重叠或相似性，例如，指挥、协调、控制职能之间存在重叠和相似之处，这些可以通过"控制"一词来概括。本书倾向于采用"四职能"的分类方式，即计划、组织、领导、控制，这四个职能之间的关系可以通过图 1-2 来描述。

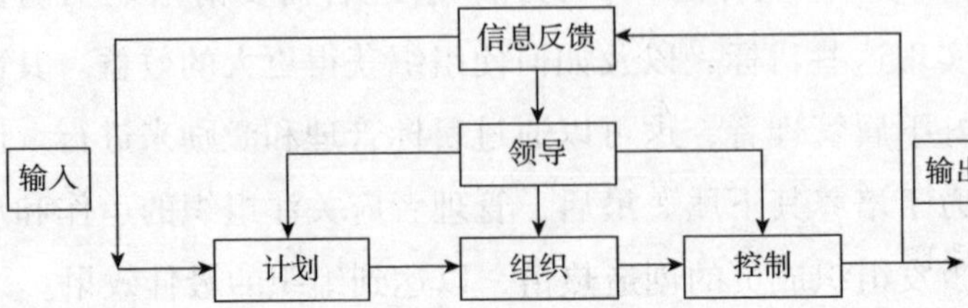

图 1-2　管理基本职能的关系

如图 1-2 所示，组织的管理过程始于计划，计划职能涉及确定组织的目标及实施方案。组织职能则是依据计划要求，组织人力资源和其他资源来实现具体任务。为使任务执行的过程和结果符合计划，需通过控制职能来保证。管理者通过计划、组织、控制和信息反馈来施行领导职能。管理过程是一个环环相扣、通过信息反馈不断优化的过程，任何一个职能的问题都可能影响其他职能以及组织目标的实现。

在实际管理活动中，这些管理职能间的关系较为复杂。为了便于读者更好地分析和理解，接下来本书分别简要介绍这四项核心管理职能。

1. 计划职能

计划涵盖了多种形式（如战略计划、策略计划等），每种形式针对不同的作用和应用范围，主要表现为设定目标及确定实现目标的具体步骤和过程，包括评估机会、制定目标、选择行动方案等多个方面。管理者通过制订计划，为组织提供行动指南，接下来的所有工作均围绕这一指南展开。其中，战略计划起着核心作用，明确了组织的宗旨，设定了长期目标，决定了战略方向和组织管理的变革。战略计划通过具体的策略计划实现。对战略计划的重视是现代管理者的重要态度。

2. 组织职能

组织职能的核心在于高效地实现计划目标，这涉及资源分配、部门划分、权力分配和工作协调等方面。组织职能要解决的四个基本问题包括：确立完成计划所需的工作内容，分类这些工作并建立相应的组织结构，明确完成工作的人员及其责任，以及授予完成工作所需的相应权力。组织工作既是计划工作的延续，也是计划变为行动的关键环节，为计划的实施提供必要的资源和组织保障。

3.领导职能

在管理过程中，领导工作占据核心地位，它涉及管理者利用权力影响和指导人员以实现既定目标。为了成为优秀的领导者，管理者需掌握激发和调动员工积极性的技巧，深入理解个人和团队的行为规律、沟通方式、领导模式和理论。领导工作是管理中最具挑战性的部分，要求管理者不断提升领导技巧和个人素质。

4.控制职能

控制职能即通过制定标准来检验实际工作，来确保成果与计划一致，这一过程包括确立标准、发现偏差、进行纠正等步骤。为有效实现目标，组织要对人员和活动进行恰当的控制。控制可采取多种形式，如经济控制和组织控制，关键在于掌握控制的重点。控制是确保按计划达成目标的关键管理职能。实施控制除需要定量分析方法外，还依赖于管理者的经验和直觉。

二、企业管理概述

（一）企业管理的内涵

企业管理就是通过企业经理人员或者经理机构对企业的经济活动进行计划、组织、协调、控制以提高经济效益的活动的总称。①

企业的生产经营活动主要分为两大类。一是企业内部活动，主要包括以生产为核心的主要生产过程、支持生产的辅助过程及生产完成后的

① 杨军，董义才，文彬．现代企业管理［M］．北京：北京师范大学出版社，2008：2.

服务活动。对这些的管理可统称为生产管理。二是企业的外部活动，涉及物资供应、产品销售、市场调研及对客户的服务等。对这些的管理通常归类为经营管理。由此可见，企业管理的任务不仅包括合理组织所有生产活动，还包括维护企业在社会关系中的地位，并科学地整合所有经营活动。

（二）企业管理的性质

企业管理具有双重属性。

1.企业管理的自然属性

一方面，企业管理的自然属性体现在其与人类社会和自然环境的密切关联上。企业管理不是孤立存在的，而是深深植根于人类社会之中，管理活动受到社会文化、经济发展水平、政治法律环境等多方面因素的影响，并以此为背景进行决策和实施。企业在管理过程中必须考虑社会价值观、文化习俗以及社会结构等因素，这些社会因素对企业的策略制定、组织行为及其最终成果产生重要影响。因此，企业管理的自然属性要求管理者既要关注企业内部运作，也要关注外部社会环境，以确保企业的持续发展与社会和谐相融。

另一方面，企业管理的自然属性还体现在企业与自然环境的关系上。现代企业管理越来越重视可持续发展，强调企业对自然资源的合理利用和环境保护。企业在管理过程中需要考虑其操作对环境的长期影响，采取积极措施保护环境，包括对资源进行合理有效利用、减少环境污染和生态系统破坏等。总之，企业管理不只是一种社会活动，更是一种与自然环境紧密相连的活动，企业需要在追求经济效益的同时兼顾环境责任和社会责任。

2.企业管理具有社会属性

企业管理的社会属性反映了生产关系和社会制度的本质特点。探讨企业管理的社会属性，实际上是探讨“为谁管理”的问题。在人类历史长河中，管理始终是为统治阶级、生产资料拥有者服务的，反映了特定社会生产关系。在资本主义制度下，企业管理具有剥削性质和资本的独裁特点。而在社会主义制度下，企业管理应当基于正确的经济思维，从全社会、全体人民的利益出发，促进人与人及国家、集体与个人间的和谐关系，处理好国家、企业、职工之间的经济利益关系，显现社会主义经济制度的本质特点。

企业管理的这种二重性是不可分割的，它们相互融合，共同形成一个统一体。这种关系是由生产力、生产关系和上层建筑之间的相互作用所决定的，所以深入研究企业管理的双重性对于理解和掌握企业管理体系的特点和规律具有重要的意义。通过这种研究，人们可以更全面地理解企业管理的复杂性和多维度，进而更有效地应对管理过程中的各种挑战。

三、企业管理的总体环境

（一）企业内部环境

1. 企业规模

所谓企业规模，主要是指劳动力、生产资料和产品在企业的集中程度。①

（1）影响企业规模的主要因素。企业生产规模的确定受生产物质技术条件和社会需求的影响。

①生产物质技术条件。

a. 资源条件。对于消耗大量原材料、能源和建筑材料的大型企业而言，资源的充足是其生产规模扩大的前提。如果资源缺乏，大规模生产将导致资源不足，造成生产能力浪费。在资源稀缺或分散的情况下，建立小型企业是更经济的选择。

b. 资金条件。大企业需要集中大量资金，需要更广泛的筹资渠道，

① 蒋景楠，杜重骏，黄海，等．现代企业管理[M]．上海：华东理工大学出版社，1995：99.

而小企业由于资金需求较少，可以更容易地利用自有资金或地方资金。人们在规划企业生产规模时，必须考虑可筹集资金的数量。

c. 人力条件。大型企业通常配备先进设备，劳动生产率高，需要的员工数量较少，而小型企业多为劳动密集型，需要更多员工。

d. 技术条件。具有先进生产技术和高管理水平的企业，更容易扩大规模，而对于技术水平较低的企业来说，小规模生产更为合适。

e. 产品的特性。例如，加工厂、精细化工厂和中间体工厂多工艺复杂、生产批量小、常需更换产品种类，因此小规模企业更适合其需求。而石油化工厂、基本有机原料厂等则更适合建立大规模企业。在机器制造业，产品的大小与企业的规模密切相关。生产大型、重型机器的一般是大型企业，而小型机械设备的生产通常由小型企业承担。

②社会需求或市场需求。当面对大量的市场需求，尤其是那些面向广泛的国内外市场的产品时，企业倾向于较大的生产规模，但如果市场需求有限，企业规模自然趋向于较小的生产规模。除了需求量，社会需求的性质也是影响因素之一，例如有的产品需要满足特定的用途，展现出一定的专用性。这种针对特定行业、工种或特定群体的专用性往往意味着产品的非标准化，而这会导致生产方式更偏向于单件或小批量生产。随着生产条件和生活需求的演变，产品创新和改进成为必然，这进一步促使企业保持较小的规模。产品在满足社会需求的同时需考虑到经济性，这通常需要企业实现高度自动化、高劳动生产率以及产品标准化。这些元素又倾向于推动企业规模的扩大。所以，人们在决定企业规模时，需要综合考虑产品需求的特点，这涉及在小规模灵活性与大规模经济效益之间的平衡，也涉及对市场需求动态的敏锐洞察。而这一平衡和洞察可以指导人们制定出合理的规模决策，以确保企业能够有效地响应市场变化，同时实现其经济目标。

2. 经济规模

经济规模指的是在特定条件下达成既定目标时经济效益最佳的规

模。全球工业发展的历史显示，随着自动化和机械化水平的提升，企业在人员数量上趋向缩减，而在生产能力上则实现增长。在历史的每个阶段和不同国家中，生产的规模结构通常是大型、中型和小型的结合。一方面，大规模生产有其显著优势，比如较低的单位生产能力投资、降低的单位成本和提升的产品质量，同时，大规模生产便于企业采纳新的生产技术、设备以及管理技术和体制。但是，如果企业规模持续扩大，而组织内部的权力分配和计划控制体系没有进行相应的调整，那么可能会产生规模不经济的问题，如效率下降、决策缓慢等。另一方面，小型企业以较低的投资和较高的经营灵活性为特点，在国民经济中占有重要地位。因此，企业规模的经济性并不是单纯以规模大小来衡量的，小规模企业在某些情况下可能更具经济性。

在企业管理的视角下，小型企业与大型企业的管理人员在决策权力范围上存在显著差异，例如，无论是经理、厂长还是科长，小型企业的管理人员通常拥有更大的自主决策权。而相对应地，大型企业的同等职位主管可能就受到更多的限制和规范。小规模企业，比如几十人的小厂，不必实行复杂的正式管理制度，但对于大规模企业，完善和正规的管理体系成为必要，以避免效率低下和混乱。

企业为了满足社会需求，需要考虑不同的规模方案。在评估影响规模的关键因素后，企业可以通过定量分析方法来确定最佳的经济规模，这些经济规模的主要技术经济指标包括单位产品投资额、单位产品成本和单位产品经济效益等。虽然理想情况下每个企业都应该达到最佳经济规模，但现实中由于各种因素的复杂性，达到这一目标往往颇具挑战。对此，企业在确定经济规模时，应全面考虑影响因素。

目前有多种方法可以量化确定企业的经济规模，如线性规划法、盈亏平衡点法、方案现值分析法等。这些方法可以通过精确的计算和分析，帮助企业找到最适合其实际情况的经济规模。

3. 组织结构及权力领导中心

企业内部的组织结构对管理人员的行为和激励具有深远的影响，包括企业是否能够根据其目标和策略的演变来调整其组织结构，是否已经建立了清晰定义的责任中心，等等。在规模相似、所有权类型一致且最高管理层的心态和行为相似的企业中，组织结构和权力的分配方式的差异会创造出不同的管理环境。

4. 销售渠道和代理商体系

企业的销售渠道和代理商体系是组织结构的重要组成部分。企业产品的销售活动涉及所有权和实体的转移，以及收款。销售渠道和代理商体系的选择对企业的管理活动复杂程度和工作负荷产生显著影响。选择自主销售策略的企业和选择全面代理销售策略的企业，在管理活动的复杂度和负担量上存在显著差异。

（二）企业外部环境

1. 经济环境

经济环境是指一个国家的宏观经济的总体状况，国民经济发展的总概况，构成企业生存和发展的社会经济状况及国家经济政策。[①] 社会经济状况是一个多维的概念，包含经济要素的本质、结构层次，以及变化趋势等多个方面，涉及国家、社会、市场以及自然等众多领域。其中，国家的经济政策，作为国家履行经济管理职能、调节宏观经济结构、实现国家经济发展战略的基本指南，对企业的经济环境产生深远影响。企业所面临的经济环境涵盖了社会经济结构、经济发展水平、经济体制、经济政策以及社会的整体购买能力等方面。在企业环境的分析中，经济环境的分析占据核心地位。

社会经济结构指的是在国民经济中，不同经济成分、不同产业部门以及社会再生产的各个方面，在构成国民经济整体时的相互适应性、数

① 李艺，胡伟，徐星星．企业战略管理 [M]. 成都：电子科技大学出版社，2020：28.

量比例以及排列关系。它主要包括产业结构、分配结构、交换结构、消费结构和技术结构五个方面，其中产业结构是最为关键的部分。

经济发展水平则是指一个国家经济发展的规模、速度和达到的水平。常用来反映一个国家经济发展水平的指标包括国民生产总值、国民收入、人均国民收入、经济发展速度和经济增长速度等。

经济体制是指国家的经济组织形式。这一体制规定了国家与企业、企业之间以及企业与各经济部门之间的关系，并通过特定的管理手段和方法，对国民经济的范围、内容和方式等进行调控或影响。

经济政策则是国家或政党为实现国家经济发展目标而在一定时期内制定的战略和策略，包括全国经济发展的综合战略、产业政策、国民收入分配政策、价格政策、物资流通政策、金融货币政策、劳动工资政策、对外贸易政策等。

2. 技术环境

技术环境涉及企业所处国家或地区的技术水平、技术政策、新产品开发能力以及技术发展趋势等方面。新产品、新机器、新工具、新材料、新服务等技术进步带来的主要优势是提高生产率、提升人们生活质量、增加人们休闲时间和丰富产品多样性。在任何社会或企业中，技术水平都是决定生产哪些产品、提供哪些服务、使用何种设备以及如何管理生产的关键因素。例如，随着科技的迅速发展，中级管理人员的角色可能会受到挑战，因为现在许多企业的生产预算和计划都已经由计算机操作来完成，而这些任务原本属于中级管理人员的工作范畴。

技术环境对企业的影响主要表现在以下两个方面。

（1）关乎企业发展。当前全球技术的快速发展已经深刻地影响了社会的各个方面。比如，18 世纪的工业革命和 20 世纪的计算机革命等都是显著的例子。技术进步显著增强了人类改变自然环境的能力，同时极大地提高了人类创造新资源和新效用的能力。在充满竞争的社会环境中，企业如果能成功发明或应用新技术，往往能在市场上取得主导地位，相反，如果竞争对手在技术上取得突破，可能会导致企业的落后甚至失败。所以，技术研究和发展被视为企业的“再生功能”，而企业发展的历史实际上也是技术进步的历史。

对于企业来说，紧跟技术进步的步伐是至关重要的。如果能与时俱进，企业的变革将是巨大的。因此，企业必须高度重视技术环境的影响，以应对快速变化的市场和社会需求。

（2）产品寿命缩短。现代科技发展迅猛，新科学技术从发明到转化为社会生产力的周期已大幅缩短，这一变化加快了技术的更迭速度，进而使新产品的生命周期大大缩短。在过去几十年中，许多新产品的寿命较短，这主要是由于竞争对手持续的研究创新，不断推出性能更优的新产品替代旧产品，以及消费者口味的变化和追求新奇的心理促使他们抛弃老产品。每个产品都有其生命周期，企业不能仅依赖某一项长期的传统技术或产品生存，否则企业的生命周期也会很短暂。

3.政治和法律环境

国家的政治和法律状况会对企业管理政策产生直接影响，并且国家政治的稳定性对企业制订长期计划至关重要。政治和法律作为社会上层建筑的一部分，彼此相互支持和影响。企业在政治和法律规定的框架内进行生产和经营活动。

在全球范围内，一个国家的政治环境由多个因素构成，包括政党数量、执政党的主张、政治复杂度、社会的开放程度和民主水平、政权的稳定性、政府官员的廉洁和勤勉程度、行政程序的工商企业的管制程度以及对外资企业的管制程度等。

政府在政治环境中扮演着至关重要的角色。就工商企业而言，政府具有双重作用。一方面，政府可以通过制定法规和政策来促进商品生产，刺激经济扩张和发展。例如，向特定行业提供补贴、税收优惠、支持研发工作，甚至实施特殊保护政策以推动行业或企业发展。另一方面，政府可以起到制约和规范企业经营的作用。各国政府为了保护劳动者、消费者的利益，都实施了积极的干预措施，颁布了各种法规，以加强对企业的管制和监督，例如物价问题。

政府对物价问题的处理既包括制定价格体系，还涵盖对物价的必要管制。这种做法既有利于促进企业发展，也有利于维护社会稳定。物价的轻微上升是经济增长的正常现象，但是显著的物价上涨会导致国民的实际收入和购买力下降，影响国家的经济和人民的生活。从理论角度来看，人民生活必需品的价格是影响工资水平的关键因素，而原材料和工资又是决定一般商品价格的重要因素，因此如果生活必需品、工业原材料和劳动力的价格同步上升，则很容易引发物价水平的循环上涨。政府对物价的管制应重在发挥其稳定和协调的功能：广泛影响的物价上涨必须经过政府相关部门的批准；对于个别物品价格波动过大的情况，政府可进行适当的调控，以保护各方利益；对于人为操纵物价、垄断和投机行为，政府可予以惩罚。

此外，企业管理者需要熟悉影响本企业经营活动的法律条件和限制因素。有远见的企业家经常聘请法律和政治领域的专家作为顾问，以帮助自己做预测和决策。

4. 文化环境

外部文化环境对企业的影响深远，它关乎企业的目标、宗旨制定，影响着企业对社会责任的看法和态度。对于管理者来说，只有深刻理解企业的外部文化环境，才能做好企业的经营与管理。

文化在社会经济发展中扮演着关键角色，它影响着人们对经济发展规律的理解和行为的选择。为了在市场竞争中占据优势并获得良好的经济效益，企业必须关注和研究文化环境。文化的影响广泛渗透到企业生产和经营的各个方面，包括产品设计、生产过程、定价、促销、分销渠道的建立、产品包装以及产品服务等。此外，企业的所有生产经营活动都将受到外部环境中文化价值观的考验，于是，某些产品可能受到欢迎，而其他产品则可能面临排斥和抵制。成功的企业除需要掌握环境中具体的文化知识外，还应具备对文化的敏锐洞察力和影响力。企业应能够捕捉文化环境中对人们价值观产生影响的文化理念，以及这些文化理念在产品和市场中的需求与反映，这样，企业才能客观评估和理解所处的文化环境，并将这些认识作为制定企业战略和策略的重要依据和参考。

第三节　现代企业管理的原理与方法

一、现代企业制度

在我国，现代企业制度是基于社会主义市场经济体制改革而建立的企业体制，它适应了社会主义特色的市场大环境，满足了企业在市场竞争中的需求。这种企业制度产权清晰、权责明确，并以公司企业形式为其主要构成部分。整体来看，现代企业制度具有产权清晰、权责明确、政企分开、科学管理的特征。

（一）现代企业制度是产权清晰、权责明确的企业制度

现代企业制度以市场经济为基础，以企业法人制度为主体，以公司制度为核心，是产权清晰、权责明确、政企分开、管理科学的新型企业制度。

企业是在一定的财产关系基础上形成的，企业的行为倾向与企业产权结构之间有着某种对应关系，企业在市场上所进行的物品或服务的交换实质上也是产权的交易。所谓产权，是财产权利的简称，指财产所有权以及与财产所有权有关的财产权利。

产权清晰是现代企业制度的基础。产权清晰是指企业的所有权、使用权、收益权等各种权利的归属明确，保证了企业的各项活动都有法律依据。只有产权清晰，才能够保证企业内部的各项活动都有序进行，避免出现混乱和纠纷。

权责明确是指合理区分和确定企业所有者、经营者和劳动者各自的权利和责任。所有者、经营者、劳动者在企业中的地位和作用是不同的，因此他们的权利和责任也是不同的。

权责明确是现代企业制度的重要组成部分。在现代企业内部各级管理人员和员工之间的职责分工明确，各自的权利和义务也明确规定。只有权责明确，才能够使企业内部各项活动有序进行，避免出现混乱和冲突。

（二）现代企业制度是政企职责分开的企业制度

在政企分离的框架下，现代企业制度强调政府与企业间的法律关系。政府的角色转变为引导和服务企业，依法对企业进行管理，规范市场行为。企业在法律允许的范围内自主经营，政府主要通过财政、金融和法律手段进行调控，而非直接行政干预。

（三）现代企业制度是一种组织管理科学的企业制度

现代企业制度强调科学的组织管理结构，包括具有明确职责、相互制衡的权力机构、监督机构、决策机构和执行机构的设立。现代企业管理还涉及机构设置体制、人事、质量、财务、后勤保障和市场服务等各方面的制度，这些制度共同构成了现代企业的管理框架，旨在提高企业运作的效率和效果。

二、现代企业管理的原理

原理是指某种客观事物的实质及运动的基本规律。管理原理是对管理工作的实质内容进行科学分析总结而形成的基本规律，是对各项管理制度和管理方法的高度综合与概括，因而对一切管理活动具有普遍的指导意义。现代企业管理原理主要有人本原理、系统原理、效益原理、权变原理，[①] 如图 1-3 所示。

① 何荣宣．现代企业管理 [M]. 2 版．北京：北京理工大学出版社，2021：14.

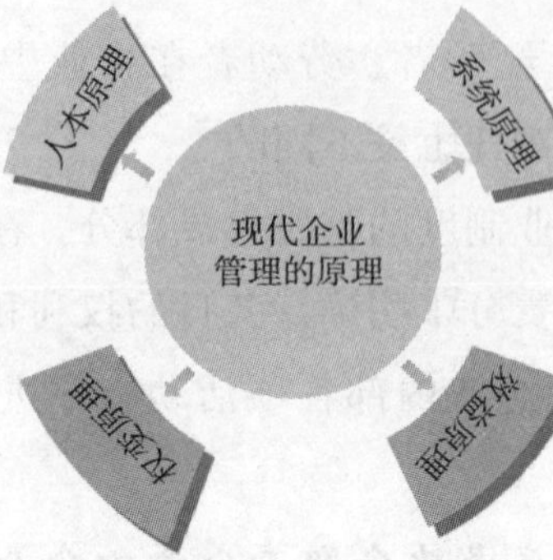

图 1-3　现代企业管理的原理

(一)人本原理

1.人本原理的含义和基本内容

人本原理强调在管理过程中将人置于核心位置，激发个体的积极性、智慧和创新能力，为管理系统的高效运作和功能优化提供必要的动力和支持。这一原则是企业管理的核心，认识到企业由人组成，企业的竞争力和发展潜力源于人，且企业的目的在于满足人的需求。

人本原理原则的核心内容包括几个方面：一是以人为中心的管理理念。企业旨在满足某方面的市场需求，是以人为主体构成的组织。在市场经济中，企业之间的竞争本质上是人才的竞争，员工的积极性、智慧和创造力构成了企业活力的根本源泉，因此管理要以人为本，把人放在所有管理工作的中心位置。二是以企业文化为核心的管理模式。企业文化包含了企业从高层到基层共同遵循的价值观念、行为规范、传统习俗和工作风格，这种文化对于团结员工的意志、规范和引导员工行为，以及从根本上激发员工积极性起着关键作用。三是管理模式中理性和非理性因素的综合考虑。企业管理的核心是人，而人的本性不仅包括理性因素，还包括感性和心理因素。所以，在管理过程中，理性与非理性因素的平衡不容忽视。

2. 人本原理的应用

对于人本原理的应用来说，确立以服务为核心的经营宗旨是关键，这既涵盖为客户提供服务，还包括对员工和大众的服务。企业应从传统的“命令—服从”模式转变为以人为中心的“目标—参与”双向管理模式，这种转变意味着管理焦点从物质资源转向人力资源，并逐步建立激发员工积极性和创造力的动力机制。注重企业文化的塑造、建立严格而充满关爱的管理哲学同样重要。企业文化的核心是深植于企业和员工心中的意识形态，如理想、信仰、道德规范、价值取向和行为准则等。培养员工的集体意识和环保意识等，对于促进企业的长期发展有着重要的意义。同时，加强和完善企业的民主管理十分必要。企业应为员工提供更多直接参与管理的机会，在满足员工基本物质需求的同时，让员工在参与管理的过程中实现个人价值，增强成就感。此外，对人力资源的开发应受到高度重视。企业需要全面关注员工从招聘到使用、评价、培养和激励的整个过程，为人才的成长创造优良环境，并不断提升员工整体素质，促进员工潜力的发挥。

（二）系统原理

1. 系统原理的含义及特征

系统原理是企业管理学的核心原则之一，主张利用系统理论来深入研究管理活动，以期实现现代管理的最佳效果。系统是由众多相互联系和相互作用的部分构成的，这些部分在特定环境中运作，共同发挥出特定的功能，形成一个有机的整体。除自然中天然存在的系统外，那些经人为改造或创造的系统被称为社会人工系统，而企业管理正是这样一个系统。

社会人工系统具有以下几个关键特征：①目的性。系统都是为了实现特定目的而设立的，拥有特定的结构和功能。②整体性。系统并不是简单地将各个要素堆砌在一起，而是不同要素按照统一的目标和规则协同运作。整体性要求从全局视角协调要素间的关系，以实现系统功能的最优化。③层次性。系统由构成其的子系统组成，这些子系统又由更低一级的子系统构成，直至最基础的单位。④环境适应性。系统并非孤立存在，而是与其周围环境发生着各种联系。环境是一个更广泛的大系统，如果一个系统能与环境进行有效的物质、能量和信息交换，保持最佳的适应状态，那么它就是一个活跃的理想系统，反之，不能适应环境的系统则缺乏生命力。

系统对环境的适应并非总是被动的，也有主动的可能性。也就是说，环境可以对系统施加影响，系统同样能对环境产生作用。这种主动适应和改造环境的可能性，受制于人类在特定时期掌握的科学技术（包括组织管理）知识和经济力量的限制。作为管理者，既要有勇气认识到主动改变环境的可能性，又要冷静地认识到自身的局限性，才能做出切合实际的科学决策。

2.系统原理的应用

系统的构建都有一定的目的。每个系统都设定了特定的目标，并围绕目标建立起合适的结构。对于企业而言，企业结构的构建应基于企业的目标和功能。企业的生产运营系统应根据所生产的产品的结构、工艺特性和生产规模来确定。不同类型的企业，其管理架构和生产运营系统自然会有所不同。

整体性要求在进行管理工作时采取全局的视角，考虑问题要从整体出发。系统的功能并不只是各个要素功能的简单叠加，而是整体功能，它往往大于部分功能的总和。在管理活动中，应以整体为重，确保局部活动符合整体利益，以实现最佳的整体效果。

层次性要求系统中的各个子系统在职责上要明确且各司其职，保持各层次功能的相对独立性和有效性。管理过程中应妥善处理不同管理层次之间的纵向关系和同一管理层次之间的横向关系，清晰界定层次，明确职责，避免越级指挥的问题。

适应性原则指出，各子系统要适应其所属的更大系统的变化。企业要想在竞争激烈的市场中生存和发展，需要积极地适应市场和客户的需求。只有当企业的产品或服务得到消费者的认可，企业才能持续地发展和壮大。

（三）效益原理

1. 效益原理的含义

效益原理是关于企业管理目的的原理，强调企业应以最大化经济效益为主要目标，以增强市场竞争力。这意味着企业的生产和经营活动应致力于提升经济效益，通过高效管理，实现以较少的劳动力消耗、物质资源消耗和资金投入生产出尽可能多的满足市场需求的产品。管理的效益原理可以用效益 = 产出 / 投入的公式来表示。企业效益可能出现以下三种情况：①如果有效产出小于投入，即效益小于 1，企业将长期处于亏损状态，若无法扭转局面，企业的运营可能会终止。②如果有效产出等于投入，即效益等于 1，则企业处于盈亏平衡状态，在这种情况下，如果外部环境和内部条件保持稳定，且管理得当，企业可以维持基本的再生产。③如果有效产出大于投入，即效益大于 1，则企业处于良好的经营状态，能够扩大再生产并提高员工的物质生活水平。

2. 效益原理的应用

①企业建立以提高经济效益为目标的保证体系。这个体系采用系统的观念和方法，从企业整体出发，将各部门和环节紧密结合，为每个部分规定在提升经济效益方面的具体职责、任务和权限，从而形成一个协调一致的管理系统。②企业强化管理的基础工作。基础工作的每一项都应旨在促进资源节约，减少投入，增加有效产出。此外，企业需关注自身整体素质。在科技快速发展和企业间竞争加剧的背景下，企业需不断提高自身素质，以使产品和服务满足市场需求，增强盈利能力和竞争力。③企业实施各种现代管理方法。诸如价值工程、网络计划技术、成本效益分析等现代化管理方法的应用，都能有效促进企业经济效益的增长。④企业运用指标进行经济效益评价。评价指标分为三大类：第一类

是产出类，涉及产品品种、质量、销售量、产值、利税等；第二类是投入类，涉及单位产品成本、原材料和能源消耗等；第三类是综合效益类，涉及资金利税率、人均净产值、流动资金周转率、产品适销率、可比产品成本降低率等。通过这些指标的评估，企业能更准确地衡量和提升其经济效益。

（四）权变原理

1.权变原理的含义和基本内容

权变原理强调根据环境的变化选择合适的管理模式和方法。这一原理的核心内容包括以下几点：①世界上并不存在一种永恒且理想的管理模式。由于企业及其所处环境的多样性，寻找一种适用于所有类型企业的通用管理模式是不现实的，管理模式的选择应基于权变的思想，即根据不同情况灵活调整。②权变原理着重探讨环境对管理行为的影响，认为有效的管理方法需随着环境的变化而变化。企业存在于特定的社会环境中，与环境形成相互依存的关系。环境对企业的生存和发展形成制约，同时企业的生产经营活动对环境产生影响，因此企业需根据环境变化相应调整其管理方式。③在企业内部，权变原理重点研究不同权变因素对管理行为的影响。根据工作性质、条件和人员的不同，企业应采取不同的组织结构和管理方法，而有效的管理者是那些能够适应并与群体环境紧密配合的人。④企业管理活动必须与实际紧密结合，即各种管理行为应符合企业内外部环境的要求，实现灵活适应和调整。

2.权变原理的应用

权变原理在企业管理中的实践主要涉及以下方面：①企业需要深入分析影响管理的权变因素，并据此灵活设计或选用合适的管理模式。影响企业管理模式选择的权变因素众多，包括外部环境的复杂性、变化性和不确定性，企业的任务多样性和规范性，员工素质，以及管理者的能力和经验等。企业应结合自身实际情况，精心设计或选用适宜的管理模式。②企业需要保持管理职能的适当弹性。虽然计划、组织、控制等管理职能需要相对稳定，以维持企业的正常运营，但为了适应内外部环境的变化，也需保持一定的弹性。例如，在做好计划方案的同时需要备有替代方案，以保持必要的灵活性。③企业需要保持经营管理策略的灵活性。面对多变的管理对象和环境，企业在经营方向和方式上需考虑多种选择：在领导方式上，根据任务性质、层级关系和员工素质等因素，采取灵活多变的管理方法；在激发员工积极性方面，根据员工的认识水平和实际需求，运用适当的激励手段。④企业需要提高管理人员的能力。管理人员应注重学习新的管理理论和技巧，并将理论与实际相结合，勇于创新，同时，通过实践提升自身的能力和素养，学习国内外的成功经验。⑤企业需要增强管理人员的改革和创新意识。为适应市场经济的要求，管理人员需不断提升自身素质，保持与时俱进，不断增强对改革和创新的认识和追求。

三、现代企业管理的方法

（一）法律方法

企业管理的法律方法涉及利用国家制定或认可的法律规范来指导和规范企业的管理活动。企业作为社会组织的一部分，为了实现有效的管理和建立稳定秩序，需遵循法治原则。

在企业管理的法律方法中，既包括国家正式颁布的法律，也包括各级政府机构和各个管理系统所制定的具有法律效力的各种社会规范。例如：在国民经济管理方面，有基本建设法等；在公司管理活动方面，有公司法等；在流通领域的管理方面，有商标法等；在资源和环境保护方面，有环境保护法等；在保护劳动者权益方面，有劳动法等；在涉外交易方面，有对外贸易法等；等等。

企业管理的法律方法的内容，不仅包括各种法律法规，还包括相应的司法工作和仲裁工作。这两个环节是相辅相成、缺一不可的。只有法律法规而缺乏司法和仲裁，就会使法律法规流于形式，无法发挥效力；

法律法规不健全，司法和仲裁工作则无所依从，造成混乱。

法律方法具有公开性、严肃性、规范性、强制性等特点。

法律方法适用于社会管理的各个领域，特别适合处理一些共性问题，便于集中统一领导，但它也存在缺乏灵活性和弹性的问题，不利于激发组织人员的积极性、主动性和创造性，有时还会成为组织发展的障碍。所以，法律方法需要与其他方法结合使用。

（二）行政方法

企业管理的行政方法是指依靠企业的权威，运用命令、规定、指示、条例等行政手段，按照行政系统和层次，以权威和服从为前提，直接指挥下属工作的管理方法。

行政方法实质上是通过企业中的职务和职位来进行管理的，它特别强调职责、职权、职位，而并非个人的能力或特权。行政方法具有权威性、强制性、垂直性、具体性、无偿性等特点。行政方法是管理企业必不可少的方法，是执行管理职能的一种重要手段。

行政方法便于管理职能的发挥，是实现各种管理方法的必要手段，能处理特殊问题，灵活性强。但行政方法的管理效果受领导水平的影响，不便于分权，不利于子系统发挥积极性，容易使一些领导者过分迷信行政方法的力量，从而助长某些领导者产生独断专行的行为。

（三）教育方法

管理的人本原理认为，管理活动中人的因素第一，管理最重要的任务是提高人的素质，充分调动人的积极性、创造性。企业管理的教育方法是指对员工进行思想政治教育和文化科学技术知识教育，提高员工素质，开发员工潜能的一系列有组织的活动。

教育方法的主要内容有人生观及道德教育，爱国主义和集体主义教育，民主、法制、纪律教育，科学文化教育，组织文化教育等。教育方法的根本任务是适应和满足国家和企业发展的需要，培养有理想、有道德、有文化、有纪律的劳动者，提高员工的思想道德素质和科学文化素质。

（四）经济方法

在企业内部，常用的经济方法有工资、红利等。

1. 工资

工资是企业员工所得劳动报酬的基础部分，也是他们生活的主要来源。企业在支付工资时，应根据员工的工作量和工作质量来决定。考虑到每位员工的工作能力和态度存在差异，且同一人在不同时间段的表现也可能有所变化，工资的发放应遵循按劳分配原则，确保与个人贡献相挂钩，避免一律平均的做法。因为不同企业在生产技术和劳动组织上的特点各异，反映员工劳动贡献的方法也不同，所以各企业应采取适合自身特点和员工劳动特性的工资形式，如计时工资、计件工资、浮动工资、结构工资、岗位工资等。

2. 红利

红利是员工参与企业利润分配的一种方式。参与企业利润分配，能够增强员工的主人翁责任感，使他们将个人利益与企业的经济效益紧密联系起来，增强员工的集体主义精神，加深他们对企业的归属感。在红利分配上，一方面要强调普遍性，即一般情况下人人有份；另一方面，应根据个人的贡献大小和股份多少来进行差异化分配。

3. 奖金

奖金作为对员工在企业中做出额外贡献的货币性奖励，应反映出企业管理者对员工行为的期望，并在规范和鼓励员工实现奋斗目标方面发挥作用。在奖金设置上，应注意奖金项目的数量不宜过多，以避免目标分散；奖金数额应足够激励，确保奖励的有效性；奖金获取的条件应适当严格又具有一定的灵活性，以保持员工的期待感。如果奖金采用平均分配方式，将变为一种福利，进而失去其激励功能。

4. 津贴

津贴是根据员工的工作条件、性质和年限提供的额外劳动报酬，包括职务津贴、工龄津贴、岗位津贴、地区津贴、出差津贴和野外津贴等。合理利用津贴能够更有效地体现按劳分配原则，鼓励员工投身于一线工作，特别是那些复杂、困难、艰苦、危险或有害健康的工作。

5. 罚款

至于罚款，则是针对员工违反规章制度或对企业造成损害行为的经济处罚。罚款是企业管理的一个有效手段。但是，罚款的项目和数额需适当设置，避免滥用。如果过度依赖罚款而忽视管理（“以罚代管”），可能会引起员工的不满和反对。

6. 价格

价格作为企业经营管理中的关键工具，对企业的经济效益产生直接影响，并在社会商品供求关系中发挥调节作用。随着经济体制改革的深入，众多企业在国家宏观价格政策的框架下获得了制定自身产品价格的权力。企业可以通过运用浮动价格、季节性价格差异、批发与零售之间的价格差异、地区价格差异、购销价格差异、质量价格差异等经济手段来激活经营活动，增强竞争力，争取更高的经济效益。同时，为了准确核算各分厂、车间、班组的劳动消耗和成果，处理好企业内部各生产单位之间的经济关系，协调内部经济利益，企业需要制定符合实际、公平合理的内部价格体系。内部价格既直接关系到企业内各单位和每位员工的利益，也是一种重要的经济管理手段。

（五）计算机方法

计算机方法在企业管理中的应用，指的是利用计算机等现代信息技术作为计算、监测、监控工具，以改善管理流程并提升工作效率。计算机在企业管理领域的运用已成为衡量管理现代化程度的关键指标。

计算机的发明和广泛应用对人类社会产生了深远的影响。在当代企业管理中，计算机的作用已远超过简单的数据处理和存储功能，它实际上已成为承担部分管理工作的重要工具。目前，大多数企业都已经将计算机技术应用于各个管理环节，包括生产操作和监控、仓储和在制品管理、订货合同签订、生产作业编排、市场需求预测、方案优化与决策、产品设计和工艺规程制定，以及工资发放等方面。在企业管理的各个领域，计算机的广泛使用显著提高了效率和效果，为企业管理带来了巨大的变革。在现代企业中，计算机既能管理单一设备或生产线，也能管理整个车间乃至整个工厂。

在现代管理领域，计算机的应用实质上是作为管理者使用的技术、工具和方法。利用计算机进行辅助管理，能显著提升管理者在信息收集和处理方面的能力，减少信息流程比物流的延迟，这对于管理者做出及时的决策，提升企业管理的质量和效率极为有利。计算机可以根据管理过程的需要，对原始数据和资料进行处理和存储，当管理人员需要特定的信息和资料解决问题时，可以随时从计算机中获取所需。管理人员还可以借助计算机来掌握整个系统的动态，实施企业的动态管理。

（六）咨询顾问方法

咨询顾问方法是一种咨询顾问人员向管理人员提供决策参考意见、建议和方案的管理手段。其核心特征在于管理者处于接受信息的被动位置，而咨询顾问则主动提供解决方案，即管理者提出问题，顾问团队提供解决方案。虽然这种方法表面上看似被动，但实际上对于提升管理效果有着重要的作用。

咨询顾问方法在多个领域得到应用，包括发展战略、生产管理、人力资源管理以及其他专业管理领域。随着管理工作日益复杂和科学化，咨询顾问的应用范围正在不断扩大，覆盖了几乎所有管理领域。现代社会发展的需求促使出现了智囊团、思想库和“外脑”等形式。咨询顾问既能为各级政府设计和制定政策，也为社会各界提供多样化咨询，对社会和经济发展进行预测和评估。

咨询顾问方法的主要缺点是缺乏统一性，通常需要配合其他管理方法一起使用。目前看来，企业管理的咨询顾问法主要是作为一种有效的管理辅助手段。

第二章　现代企业信息化概述

第一节　企业信息化的内涵与发展过程

一、企业信息化的概念

（一）信息化

信息化以数字化、网络化、智能化为特征，通过采用先进的信息技术，高效地开发和运用信息资源，促进工业化社会向信息化社会的转型，进而推动整个社会经济的发展进程。信息化不是一个孤立的技术系统，而是一个庞大且有组织的信息网络体系，它能够根本性地改变人们的生活、工作、学习和交流方式，引发社会结构的深刻变化。

信息化触及国民经济的各个领域，包括企业信息化、商务信息化、政府信息化、金融信息化、农业信息化、城市信息化和农村信息化等多个方面。本书关注的是企业信息化这一领域。

（二）企业信息化

随着世界多极化、经济全球化、文化多样化、社会信息化深入发展，全球发展环境深刻变革，谁在信息化上占据制高点，谁就能够掌握先机、赢得优势、赢得安全、赢得未来。企业作为国民经济中最活跃的组成部分，也是新技术、新设备和新工艺广泛应用的重要领域。企业信息化是实现国家信息化发展战略的关键，是推动国家和地区信息化发展的重要基础，也是企业自身发展的重要支撑。关于企业信息化的具体含义，由于研究角度和业务范围的差异，不同学者有着各自的解释和看法。有学者认为："企业信息化是企业应用信息化的过程，是指在企业的生产、经营、管理等各个方面，应用先进的计算机、通信、互联网等信息技术，充分整合、广泛利用企业内外的信息资源，提高企业生产、经营和管理水平，增强企业竞争力的过程。"① 也有学者提出了信息化企业的概念，指出："信息化企业是指通过在生产和经营的各个环节推广信息技术，充分开发和利用内、外部信息资源和人力资源建设与此相适应的组织模式，从而提高企业生产、管理、决策等过程的效率、水平与经营效益，进而获得其核心竞争力的独立经济单位。"② 本书认为，企业信息化和信息化企业本质上是同位概念，只是一个重在主体，一个重在过程。

企业信息化的概念，从狭义和广义两个视角来看，呈现出不同的解读。

从广义上看，企业信息化指的是企业在生产、经营、管理、决策、研发、市场及销售等各个方面全面采用信息技术。这包括对信息资源的有效开发与利用，进而调整或重构企业的组织结构和业务模式，服务于企业的发展目标，提升企业的利润和竞争力。简而言之，企业信息化是指在企业的生产、流通和服务等活动中，充分运用现代信息技术、资源和环境，最大限度地发挥科技对企业效益的贡献。

狭义的企业信息化更多地强调广泛利用电子信息技术，通过深度开发和广泛利用信息资源，持续提高生产、经营、管理和决策的效率和水平，这意味着实现生产和管理的自动化，进而提升企业的经济效益和竞争能力。在现代化生产中，无论是生产控制、测量、加工还是产品设计，都离不开信息技术的支持。将生产信息和管理信息通过现代化工具

① 李文梅，陈耀东．企业信息化的内容及对策分析 [J]. 商场现代化，2008（1）：138.

② 张海涛，靖继鹏．信息化企业内涵及其结构研究 [J]. 情报科学，2004（6）：646.

来处理，企业信息化便步入了一个更高的层面。

狭义上的企业信息化涵盖了两个主要部分：首先是生产过程的信息化，这包括采用计算机辅助设计（Computer Aided Design，CAD）、计算机辅助制造（Computer Aided Manufacturing，CAM）、计算机集成制造系统（Computer Integrated Manufacturing System，CIMS）等信息系统。这些系统的应用实现了企业生产的自动化、测量控制等。其次是管理过程的自动化，这包括采用管理信息系统（Management Information System，MIS）、办公自动化系统（Office Automation System，OAS）、决策支持系统（Decision-making Support System，DSS）和专家系统（Expert System，ES）等信息系统。这些自动化工具的应用提升了企业的管理效率。

综上，企业信息化指的是将现代信息技术应用于企业的设计、制造、管理、决策、营销、服务等过程，旨在不断提升企业的竞争力和市场适应能力。

二、企业信息化的六个要素

企业信息化是从工业化向信息化转型的过程，这一转型既体现在信息技术从边缘业务应用到核心业务应用的深化，也体现在从传统管理到现代管理的转变。也就是说，企业信息化不仅涉及信息技术的应用，还关系到管理的变革。因此，企业信息化应紧密围绕企业改革和发展这两大主题进行。企业信息化实现的总体转变是通过其内在构成要素的转变来具体实现的，这些构成要素主要包括以下六个方面。

（1）基础设施建设。企业需建立起至少基本的信息化硬件支持，涵盖网络化设备和办公自动化系统的采购与应用等。

（2）软件建设。企业需做好软件建设，并对新兴信息技术不断学习，以不断提升企业的软件支持能力。

（3）产品和服务的技术结构。企业可通过信息化提升产品和服务的技术含量及信息价值，以信息化实现产品和服务技术结构的升级。

（4）企业内部信息化水平。企业应深入挖掘和有效利用企业自有信息，建立健全企业信息库，加强企业内部信息流通意识，以确保信息的及时性、准确性和全面性，为科学决策提供可靠依据。

（5）信息化流程再造。信息化流程再造包括生产、经营、管理和决策过程中信息技术的应用程度和信息化水平。信息化更注重管理从以职能为核心向以流程为核心的根本性转变，涉及企业组织框架的重组和流程的再造。这是资源配置的变革，更是权力和利益的再分配，强调企业需消化吸收先进管理理念，转变传统管理观念，使先进管理软件与现代管理方式相结合。

（6）制度创新。制度创新涵盖三个方面。一是引入新的生产要素，特别是将知识资本和社会资本（包括制度规范）作为新增长因素；二是引入新的产权制度，如无边界虚拟企业等新组织形式，与传统企业制度相互补充；三是信息化人才的培养和引进，确保企业具备在信息化环境下运作的人力资源。

三、企业信息化的内容

总结国内外企业信息化的理论与实践，企业信息化主要包括四大内容，如图 2-1 所示。

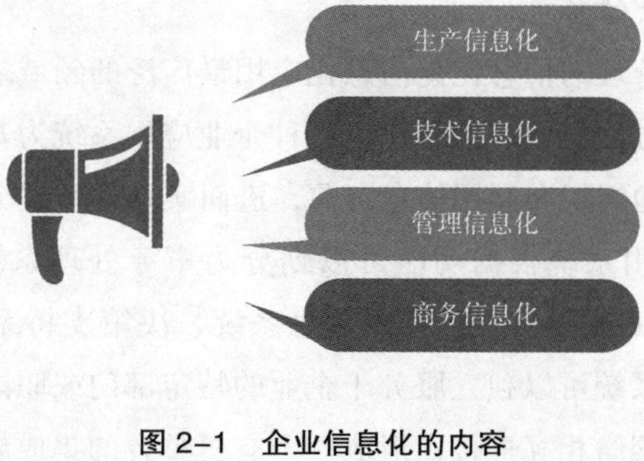

图 2-1　企业信息化的内容

（一）生产信息化

制造企业在实现生产过程的自动化和信息化方面扮演着关键角色，它们通过综合运用微电子技术、计算机技术和自动控制技术，对生产过程进行有效的监测和控制。这一过程既提升了产品质量，也显著提高了生产效率。生产自动化和信息化的范畴包括产品设计与开发、生产工艺流程、物料管理、品质检验等重要环节。制造企业需加速构建坚实的信息基础设施，全面融入计算机和通信等现代信息技术，实现企业运营的数字化，包括生产过程、物料流动、事务处理、现金流和客户互动等各个方面。

（二）技术信息化

技术信息化涉及计算机辅助设计、计算机辅助制造和计算机辅助检测等技术。在产品设计和开发阶段，企业一般应用计算机辅助设计技术、虚拟现实和模拟技术以及网络技术，目的是缩短新产品的设计开发周期，并节约成本。在生产环节，企业一般采用计算机辅助制造技术、计算机辅助生产设备、计算机集成制造系统和计算机集成生产系统（Computer Integrated Producing System，CIPS）等实现生产流程的自动化和效率化。值得注意的是，技术信息化并非孤立存在，而是与设计、生产、存储、财务、人员等管理环节的信息化紧密关联，共同实现整个企业的信息化。

（三）管理信息化

企业内部管理的信息化是信息化应用最广泛的领域之一，涵盖了企业管理的各个方面。管理信息化以各种企业应用系统为基础，利用多种信息系统高效地组织和利用信息资源，进而实现管理效率的最大化。

企业的应用系统根据功能可以划分为事务处理系统（Transaction Processing System，TPS）、管理信息系统、决策支持系统、专家系统等，这些应用系统可以独立服务于企业的特定部门或职能需求，也可以通过企业内部网络相互连接，形成一个有机整合的集成应用系统。对企业而言，这些多样的应用系统不是服务于单一部门的，而是协同工作，支持企业的整体运营和战略目标。

管理信息化涉及多个方面，主要分为三个核心领域：一是数据处理的信息化，它涉及计算机在处理生产、销售以及财务等数据方面的应用，这通常被称为事务处理系统，例如订单系统、库存系统、物流系统、销售系统等。二是日常管理和办公的信息化，包括企业管理信息系统和办公自动化系统，这些系统旨在简化日常管理任务和提高办公效率。三是企业生产、经营、管理一体化的信息化，涉及整个生产制造过程的物流、资金流、信息流以及设备、能源、人力资源的全面控制和管理，这一领域通常通过实施综合信息化系统如计算机集成制造系统、企业资源计划（Enterprise Resource Planning，ERP）和内部网络来实现。

（四）商务信息化

随着企业信息化达到一定水平，企业所面临的任务不再局限于内部信息化，而是转向构建基于互联网的电子商务社区。企业本质上追求利润最大化，而信息化的终极目标就是通过商务活动实现这一点。通过电子商务社区，企业可以进行结盟、交易和业务协作，实现信息共享和实时互动，优化协同商务运作。电子商务的根基在于企业与其供应商、销售商之间的信息化水平，具体而言，它涉及利用企业内部网络以及互联网平台和数据管理平台，将企业内部的生产经营与外部供应、销售紧密结合，与上游供应商、下游分销商、客户、政府部门等外部实体进行信息交流和商务活动。

四、企业信息化的发展过程

企业信息化的发展过程可以总结为以下四个阶段。

（一）办公自动化

办公自动化的历史始于 20 世纪 50 年代，在美国等国家率先发展。初期，办公自动化主要集中于单机作业，目的在于提高个人事务处理的效率；随后，它迅速发展到数据处理自动化。这一时期的办公自动化主要是替代手工处理办公事务，进而提升个人办公效率，标志着第一代办公自动化系统的兴起。进入20世纪70年代，随着企业内部局域网络的发展，办公自动化开始关注并实现不同部门间的工作流程自动化。到了20世纪70年代末，办公自动化已演变成一个新型的综合学科——办公自动化，并成为企业信息化的核心部分，也代表了办公自动化的真正实现。随着互联网的崛起，办公自动化实现了重大突破，办公活动不再受时间和地点的限制，人们无论何时何地都可以通过互联网处理办公事务，这标志着第二代办公自动化系统的发展。

近年来，随着知识经济和协同管理理念的兴起，办公自动化不断融入先进的企业管理思想。新型的办公自动化既加强了工作流程的协同管理，又强调信息资源的共享以及相关知识的收集、整理、积累和传承，由此产生了知识管理型办公自动化系统。它促进了企业发展和员工成长的有机结合，逐渐成了办公自动化的主流趋势。这标志着第三代办公自动化系统的诞生。

现代办公自动化的架构包括四个核心部分：企业通信平台、企业协作平台、企业交流平台和企业信息门户。通信平台作为系统的运行基础，涵盖电子邮件、便笺和手机短信等工具，以保障系统与用户在各种环境下的沟通。协作平台建立在通信平台之上，通过程序化处理相应的办公事务，实现用户间的协同办公。通过交流平台，用户可以上传或下载企业的资料、文档和相关知识，开展交流讨论。信息门户则连接其他系统，充当企业网络门户的角色，使办公自动化成为企业信息系统集成中的重要部分。

应该说，办公自动化是企业信息化的基础阶段，它标志着企业向全面信息化的重要转变。实行办公自动化可以提高企业的操作效率和跨部门的沟通速度，进而优化工作流程，提升管理效能。

（二）管理信息化

随着商业环境的变化，企业管理变得更为精细化和即时化。如果企业仅局限于单独考虑信息技术需求，可能导致信息系统在各自领域有效，但整体规划缺乏统一管理和全局视角。这种局部化的信息系统布局可能导致系统繁多而工作流程复杂化，且由于系统间的不兼容和通信障碍，形成所谓的“信息孤岛”。这些信息孤岛一方面会阻碍信息流转，另一方面会使企业难以有效整合资源，反而加剧问题的复杂性。

为解决这一问题，许多企业采用如企业资源计划、客户关系管理（Customer Relationship Management，CRM）、供应链管理（Supply Chain Management，SCM）等系统，以监控生产数据、客户信息、库存等关键业务信息。随着这些系统的应用，企业进一步利用数据仓库、商业智能（Business Intelligence，BI）、知识管理（Knowledge Management，KM）等工具，提取和分析现有系统中的原始信息。

随着企业运营管理理念的演进，企业越发重视人的行为、团队精神和协作能力，认为这些是提升企业效率和创新能力的关键。在这种情况下，传统的办公自动化系统以及企业资源计划等现有系统已不足以满足企业的新需求。企业内部整合及对外市场的敏捷反应都依赖于众多的协同沟通环节，而如何确保这些协同工作的高效和合理运行，超出了传统的办公自动化系统、企业资源计划等现有系统的功能范围。这种需求促进了协同软件的发展，它是符合时代发展的必然产物。与此同时，许多企业在已经广泛采用办公自动化系统、财务系统、进销存管理系统等基础设施的同时，也着手构建企业内部网络。有效的协同使企业不同部门间的信息系统相互连接，消除了“信息孤岛”现象，提升了企业内部的信息共享水平，提高了整体的管理效率。

（三）经营网络化

随着外部环境的显著变化，20 世纪 90 年代以来，特别是在发达国家，企业越来越倾向于利用网络技术整合外部资源，以提升运营效率。

在这个时期，众多经营模式如虚拟组织、动态联盟、业务外包、敏捷制造和供应链管理等纷纷出现，其共同特点是基于企业内部核心能力的外部网络化经营。这类模式可统称为企业的网络化经营组织模式。

企业网络化管理主要通过整合企业的各类信息系统来提升效率。这种管理模式将企业的前端资源（如客户信息）与后端资源（如供应链和内部运营）通过开放且高效的网络平台连接起来，使信息流动加速，降低了运营成本，同时提高了工作效率。该模式的实现，标志着企业信息化向更高级别的跃进，为电子商务等更复杂的商业活动提供了坚实的技术基础。在这个阶段，企业信息化的主要任务是利用内联网和外联网技术，将生产管理、物料管理、质量控制、销售与分销、财务管理、资产管理及人力资源管理等多个业务领域的信息资源进行有效整合。

这一阶段的信息化建设通常是投入大、见效慢的过程。许多企业鉴于资金投入和信息化对现有管理体制的冲击，不会立即全面实施管理网络化工程。对此，这一阶段的信息化工作需要明确目标，循序渐进，分步实施。企业可借助专业咨询公司的专长进行整体规划和方案制定，确保信息化进程的顺利实施。

（四）商务电子化

电子商务，简称电商，是一种现代化的商业模式。电子商务可以划分为广义的电子商务和狭义的电子商务。在广义上，电子商务指的是利用各种电子工具进行商业活动的过程。这些工具的范围非常广泛，从最初的电报、电话、广播、电视、传真，到更先进的计算机和网络技术，甚至包括国家信息基础设施（National Information Infrastructure，NII）和全球信息基础设施（Global Information Infrastructure，GII）。广义电子商务涵盖了各种实物或非实物商品的需求和消费活动，除去传统的生产过程外，包含了所有与商品交换相关的活动。狭义的电子商务则主要指使用互联网来进行的商业活动。该定义强调了电子商务在技术和经济发展先进的社会中的重要性，突出了信息技术和商业规则在其中的核心地位。狭义的定义更加体现了时代的要求，强调电子商务应该达到的水平和效果，以及人在整个电子商务系统中的中心地位。

通过上述分析可以看出，电子商务不只是技术的应用，更是涉及环境、人与工具、人与劳动对象之间的有机联系。其目标是创造一个高效、低成本的商业环境，这也是电子商务作为一种现代生产力的体现。在这个阶段，企业信息化逐渐过渡到电子商务模式的创新阶段，体现为从传统管理模式到现代化管理模式的转变。在此阶段，企业利用互联网技术和标准，与供应商、经销商、银行等相关机构建立业务数据层的连接，与此同时，企业将之前建立的网站、企业资源计划系统等进行整合，形成一个真正意义上的电子商务模式。通过这一转变，企业完全融入基于互联网的电子商务新模式中，实现更加广泛和深入的市场参与。

第二节　企业信息化的特征与意义

一、企业信息化的特征

（一）注重高科技的应用

企业为了保持竞争力和适应市场变化，必须重视高科技的运用。科技，尤其是信息技术，作为现代生产力的核心，对于企业管理、产品设计和制造至关重要。新技术的应用，如计算机集成制造系统、计算机辅助技术（Computer Aided Technology，CAT）、光速商务（Commerce At Light Speed，CALS）、企业资源计划、柔性制造系统（Flexible Manufacturing System，FMS）等，都基于信息技术，能有效促进企业的创新与发展。

（二）重视提高人的素质

在信息化的背景下，企业需要员工具备较高的信息技术素养和创新能力。企业可以通过提供培训和学习的机会，让员工掌握最新的信息技术和应用，有效地适应数字化工作环境。例如，员工可以通过在线课程、研讨会或内部培训，学习如何使用先进的数据分析工具、管理软件或者了解数字化市场的最新趋势。

同时，信息化背景下，人的创新能力和问题解决能力更显重要。虽然信息系统可以处理和分析大量数据，但最终的决策、创新和问题解决还需依赖人的智慧。所以，企业应倡导创新思维，鼓励员工提出新观点、新方法，积极参与企业的信息化进程，构建一个开放和协作的工作环境，让员工在使用信息化工具时能充分交流、合作，参与推动企业信息化的有效实施。

企业信息化也强调提高员工的综合素质。信息化涉及技术层面、管理方式、企业文化和工作流程等多方面，所以，除了技术知识，员工还需要具备良好的沟通能力、团队协作精神、适应能力和解决问题的能力。企业可以通过建立多元化的培训体系，鼓励员工在工作中学习和成长，为员工提供职业发展的指导和支持。通过这样的培训和教育，员工能够提升自己的专业技能，并加强对企业目标和愿景的认同，在企业信息化的进程中发挥更积极的作用。

（三）具有柔性的组织结构

信息化的推动使企业逐渐摒弃了传统的组织架构，转而采用更加灵活、响应迅速的组织模式。这种柔性结构能够使企业快速适应市场变化，提高决策效率，并能更有效地利用资源。在柔性组织结构中，信息流通更加畅通无阻，部门间的协作更加灵活，团队成员可以根据项目需要进行组合。柔性结构鼓励创新和跨部门合作，使企业能够快速集成拥有不同的专业知识和技能的人员，以应对复杂的业务挑战。

企业可以采用先进的信息技术工具，如云计算、大数据和人工智能，来支持日常运营和决策制定。这些技术一方面可以提高工作效率，另一方面可以为员工提供更多自主性和灵活性。例如，远程工作和灵活的工作安排成为可能，员工可以根据自己的工作习惯和生活需要调整工作模式，等等。

（四）精简高效的组织结构

在信息化背景下，企业倾向于构建更为精简和高效的组织结构，这种结构减少了层级，缩短了管理链条，提高了决策效率。精炼的机构使信息能够迅速从基层流向决策层，这样一来，决策者可以更快地获取市场和运营的第一手资料，从而做出更为准确和及时的反应。这种结构也降低了企业运营的复杂性，提高了企业适应市场变化的能力。

管理层次的减少有助于激发员工的创新能力和自主性。在传统的多层级组织结构中，决策通常需要经过多个层级的审批，这降低了决策的效率，也可能抑制员工的创新精神和主动性。而在精炼的组织结构中，员工的意见和建议能够快速抵达决策层，甚至影响企业的战略方向和日常运营。此结构能够促进员工的主动参与和责任感，激发他们的创新潜力。简化的管理层次也意味着企业可以更快地对市场变化做出反应，更加灵活地调整战略和运营计划。而动态、互动、灵活的管理模式是现代信息化企业适应快速变化市场环境的关键，有利于企业在激烈的市场竞争中保持领先地位。

（五）完整的信息库和四通八达的信息系统

企业信息化的特征之一是建立完整的信息库和四通八达的信息系统。这种信息库和信息系统的构建，是现代企业在信息化时代中确保信息流动畅通、资源高效利用的关键。一个完整的信息库能够为企业提供全面的、实时更新的数据支持，包括产品信息、客户数据、市场动态、供应链状态等多方面内容。通过这样的信息库，企业能够全面掌握业务运行的各个方面，及时发现并抓住市场机会，有效应对潜在的风险和挑战。信息库的高效运作，依赖于四通八达的信息系统。信息系统不仅包括企业内部的信息交流，还包括企业与外部合作伙伴、供应商、客户等的信息互联。这种广泛的连接使信息可以在企业内外迅速流动，从而使决策者能够获得最新、最全面的信息。

完善的信息库和信息系统还是实现企业资源计划、客户关系管理等的基础。通过这些系统，企业可以优化生产计划、提高库存管理效率、增强客户服务质量，进而提高整体运营效率和盈利能力。例如，在生产计划方面，通过信息库中的数据分析，企业能够更准确地预测市场需求，避免过度生产或库存积压。在客户关系管理方面，企业可以利用客户数据实现个性化营销，提高客户满意度和忠诚度。这种信息化管理方式使企业在复杂多变的市场环境中保持灵活和敏捷。除此之外，它也促进了企业内部各部门之间的协同工作，提高了整体工作效率。

（六）企业整体集成

企业的各个部门，如销售、生产、财务、人力资源等，可以通过信息技术紧密连接，实现信息无缝对接与共享。通过整体集成，企业能够确保信息从一个部门到另一个部门的流动是及时和准确的，从而提高决策的效率和准确性。这种集成不限于企业内部，还包括企业与外部供应商、客户和其他商业伙伴的信息互联。在这种模式下，信息系统如企业资源计划系统、客户关系管理系统和供应链管理系统至关重要，它们一方面提升了企业内部的运作效率，另一方面加强了企业与外部世界的互动与协作。例如，通过企业资源计划系统，企业可以更好地管理库存、优化生产计划、控制财务流程；客户关系管理系统则可以帮助企业维护与客户的关系，提升服务质量和客户满意度；供应链管理系统能够使企业更有效地管理供应链活动，降低成本，提高响应市场变化的能力。

二、企业信息化的意义

（一）企业信息化推动信息化在一国或地区的普及

企业采取信息化措施，如引入先进的信息技术，就可以在提升自身的运营效率和市场竞争力的同时，带动周围环境和相关产业的信息技术应用和发展。这种效应会促使供应商、客户以及其他商业伙伴也提升自己的信息技术能力，从而形成一种正向的信息化推动力。随着更多企业加入信息化建设，整个行业甚至整个地区的信息化水平会得以提高，从而更有利于信息技术的创新和应用。企业信息化还有助于培养信息化人才，改善劳动力市场的信息技术水平，增强整个社会对新技术的适应能力和接受度。随着信息技术在更广范围内的应用和普及，它会进一步推动该国或地区经济的数字化转型，为经济发展提供新的动力，助力提升整个社会的生活质量和经济效益。

（二）企业信息化带动国民经济发展

第一，信息化能提升企业的运营效率和市场反应速度，使企业能更快地适应市场变化，加速新产品的研发和推广。这种效率的提升会增强企业自身的竞争力，也为整个经济体带来活力和创新能力的提升。第二，随着企业信息化的深入，社会对信息技术的需求增加，这会刺激信息技术行业的发展，带动相关产业的成长。第三，企业信息化会促进就业市场的变革，创造大量高技术和管理层面的就业机会，促进劳动力市场的整体信息技术水平的提升，助力产业链的扩展。第四，企业信息化有助于加速全球化进程，推动国内企业与国际市场的融合，助力国民经济的发展。

（三）企业信息化辅助工业现代化的实现

信息技术的应用，如自动化控制系统、高级数据分析工具和云计算平台，能够提升生产效率，增强产品的创新能力。这些技术在帮助减少生产成本的同时，还能提高能源和资源的利用效率，助力实现可持续发展目标。另外，信息化能促进企业之间的信息共享和合作，加强供应链管理，使整个工业系统更加协调和高效。信息化还能为企业提供实时监控生产过程的能力，从而有效减少生产事故和降低缺陷率。

（四）企业信息化促进现代企业制度的形成

企业信息化是促进现代企业制度形成的催化剂。在当前的市场环境下，无信息化则难以实现企业的现代化和制度的现代化。信息化是强化企业核心竞争力的根基，能显著提升决策质量、工作效率、产品质量，能提高市场响应速度，促进生产自动化，降低成本，拓展销售市场，并优化内部管理及供应链。

在经济全球化和中国加入世界贸易组织的背景下，企业面临着国内外市场的双重挑战。在这样的竞争环境中，推进信息化是提高企业综合实力和市场竞争力的有效手段，也是企业在激烈市场竞争中保持优势的必要策略。所以，广泛应用信息技术，成为增强企业竞争力的重要途径。

第三节 现代企业信息化规划

对现代企业来说，做好信息化规划是关系到企业发展的大事。

一、企业信息化规划的内涵

企业信息化规划以整个企业的发展战略目标为指导，结合先进信息技术发展趋势以及企业业务的最佳实践，提出企业信息化建设的战略目标，制定企业未来信息化蓝图以及实施保障计划，全面系统地指导企业信息化的进程。[①]它是企业信息化建设的基石和总体指南，为企业信息化建设提供坚实的基础。

企业信息化规划的核心是一份细致的信息化蓝图，它规划了企业在未来一段时间（通常是三至五年）的信息系统建设目标及实施计划。在实施层面上，信息化蓝图明确了建设原因、内容和方法。蓝图规定的信息系统的建设原因、系统内容和实施方式是企业信息化建设的三大关键要素。

① 章文光，蔡翔．中国企业信息化研究［M］．贵阳：贵州人民出版社，2010：58.

二、企业信息化建设定位

信息系统是企业的关键战略资产，所以企业需要制定全面且适应其业务战略需求的信息化规划。信息化规划应以行业最佳实践为基础，服务于企业的整体战略需求，通过整合和系统化的方法，协调组织架构、信息技术和业务流程这三大战略管理要素，使它们有机地结合在一起，为企业的战略目标实现提供强有力的支撑。

三、企业信息化规划的主要内容

企业信息化规划分为战略和战术两个层面。在战略层面，信息化规划的重点放在识别企业的前景、使命和战略，分析信息化的前景和使命，建立信息化指导原则，并明确信息化目标。战术层面则基于战略层面的指导，专注于构建信息基础设施和制定信息技术标准。

企业信息化规划在企业业务战略规划的引领下，主要涵盖四个关键领域：①业务流程再造（Business Process Reengineering，BPR）。这是一个以流程为核心的方法，通过根本性地重新考虑和重建企业业务流程，来适应企业经营环境，满足战略和业务发展的需求。②信息系统战略规划（Information System Strategic Planning，ISSP）。建立在业务流程再造的基础上，信息系统战略规划探讨信息系统如何支撑业务流程，以实现企业的关键目标，其重点在于信息系统的未来发展、架构及各组成部分的逻辑关系。③信息技术战略规划（Information Technology Strategic Planning，ITSP）。信息技术战略规划以信息系统战略规划为基础，规划支持信息系统的硬件、软件和支撑技术，主要围绕关键技术展开。④信息资源规划（Information Resource Planning，IRP）。在以上规划的基础上，企业进行必要的基础设施准备，包括人员配置、信息标准制定和信息资源整合，以构建企业信息基础设施系统，确保信息系统的有效运作。

这个规划过程实际上是业务战略规划向信息技术战略规划转化的过程，涉及业务与技术的融合，这种融合既是业务流程再造的过程，也是信息资源规划的过程。所有规划都应围绕企业的核心目标展开，并服务于核心目标。

四、企业信息化规划的关键因素

企业信息化系统的战略规划对于构建企业的核心竞争力具有显著影响。有效的信息化战略规划需要考虑多个关键因素，以确保其与企业的整体发展战略紧密结合。

（一）清晰而科学的目标

在规划信息系统之前，企业需要综合考虑内外部环境，从战略层面明确设定目标，包括将信息系统的目标融入企业的发展战略。信息化的实施将使企业从职能导向转变为流程导向，可能会改变原有的利益分配，并可能涉及人员调整和风险控制。对此，确立目标是规划过程的关键，它将直接影响项目的规模、预算和实施方式。在早期制定目标时，企业应该尽可能地利用外部资源，例如专业咨询机构的参与，以确保目标的科学性、合理性和竞争力。

（二）强有力的项目团队

企业信息化的实施涉及整个组织，而非仅限于信息技术部门。这一过程要求各相关部门共同参与，从规划、建设到实施。企业信息化项目的团队成员应选自不同部门，具备丰富经验、清晰思维和创新精神。信息化过程可能引发员工对变革的担忧，特别是职位和权力结构发生重组时，但是，业务流程再造与裁员并无直接关联，裁员与否取决于业务流程的优化程度。对此，项目团队应向员工清晰传达项目实施的目的和对他们的影响，可以通过宣传、教育和培训的方式来实现，包括定期更新项目状态和预期变化。在项目的各个阶段，项目团队应提供相应的员工培训，包括新的管理理念和必要技能的培训，并组织企业内的交流活动，消除员工的不必要疑虑和焦虑。全面的参与和沟通策略有助于实现顺利的信息化过程。

（三）企业高层的重视和参与程度

高层管理人员的介入能够为项目实施提供指导和资源支持，更重要的是他们的参与能够有效地帮助克服由利益重新分配所引发的内部阻力。他们的积极参与和支持，可以增强项目的权威性，确保项目得到组织内的认同和支持，进而顺利推进。高层管理人员的介入还能够帮助员工更好地理解项目的长远价值和战略意义，推动企业文化向着更加开放和创新的方向发展。在企业信息化的全过程中，从规划、实施到后期的维护和升级，高层管理的重视和参与是确保项目成功的关键因素。

（四）项目管理的科学思想和方法

信息化过程涉及对项目的科学规划和执行，这意味着团队成员要思路清晰，要科学合理地安排项目时间表和资源，并针对项目进展进行实时监控和调整。有效的项目管理还需要引入成熟的管理方法和工具，以及具备丰富经验的人才，这些措施对于确保项目按时按质完成，以及最大限度地减少项目成本和潜在风险至关重要。

（五）变革管理

变革管理是企业信息化中的一个持续过程，目的是有效管理在信息化过程中出现的新需求、确保整体流程的最优化和系统性能的最佳化。变革管理对于信息化项目的成功至关重要。信息系统的变革管理除关乎技术层面的更新外，还涉及企业文化和管理方式的转变。信息化规划应全面考虑到这些因素，以确保企业信息化建设的顺利实施和长期效益。

五、企业信息化规划的方法

（一）面向低层数据的规划方法

面向低层数据的规划方法，也被称作传统的数据中心规划方法，主要关注于数据的准确性和一致性，强调技术分析。这种方法将数据作为核心，涵盖了从数据实体定义到数据库逻辑分析和设计的全过程。这种方法虽然在企业过程建模和数据库逻辑分析方面表现出色，但在战略分析方面的功能则相对较弱。典型的面向低层数据的规划方法包括企业系统规划法（Business System Planning,BSP）和战略系统规划法（Strategic System Planning，SSP）。

1. 企业系统规划法

企业系统规划法是一种自上而下的规划方法，其实施则是自下而上进行。它首先通过分析企业的使命、目标和业务功能来定义企业过程，接着根据企业实体和过程来识别数据类型，并按照数据库分析和设计原则对数据进行分类和整合，将其划分成不同的子系统。采用企业系统规划法最终生成的规划报告包括一个全局的信息系统架构和各子系统的实施方案。

2. 战略系统规划法

战略系统规划法侧重于分析企业的主要职能部门来定义企业的功能模型，并结合企业的信息需求生成数据实体和主题数据库，从而得出企业的全局数据结构。此外，战略系统规划法涉及全局信息系统和结构的识别，最终提出企业信息化的实施方案和计划。在具体步骤上，战略系统规划法与企业系统规划法有许多相似之处，但也有其在应用和实施方面的特点。

（二）面向决策信息的规划方法

面向决策信息的规划方法专注于支持企业战略决策信息，在企业信息化战略规划中发挥着关键作用。这类方法在连接企业战略与信息系统战略的关系方面表现出较强的功能，虽然在企业过程建模等方面功能相对较弱。在这一领域中，战略目标集转化法（Strategy Set Transformation，SST）和关键成功因素法（Critical Success Factors，CSF）等方法较为知名。

1.战略目标集转化法

战略目标集转化法的基本思路是构建企业信息化规划与企业战略之间的相互关联，从而将企业战略转换为企业信息化战略。应用战略目标集转化法时，首先确定组织的战略目标，然后将其转化为信息化战略目标，进而明确企业信息化建设的目标、约束和设计原则，最终呈现整个企业信息化建设的信息系统架构。

2.关键成功因素法

关键成功因素法用于信息系统规划时，主要通过与管理层特别是高层管理者的交流来实现。关键成功因素法侧重于根据企业的战略目标，识别出与这些目标成功密切相关的关键成功因素及其关键性能指标，并据此安排信息化建设的优先事项，帮助企业利用信息技术来识别问题和抓住机遇。该方法有助于高层管理者直观地理解企业战略与信息化战略之间的关联，并认识到信息技术的潜能。但是，关键成功因素法在应用于较低级别的管理层时可能效率较低，因为在这一层面上，一般不容易准确找到与特定目标相关的关键成功因素和关键性能指标。

（三）面向内部流程管理的规划方法

面向内部流程管理的规划方法专注于分析企业的流程链，以及这些流程如何创造价值。该方法的目标是简化和优化流程，以增强流程链中各个活动的协同作用，从而最大化业务流程的价值创造，提升企业的竞争力。在这方面，业务流程再造和价值链分析（Value Chain Analysis，VCA）是两种应用广泛的方法。

其中，价值链分析将企业视为一系列输入、转换和输出活动的集合，每项活动都有潜力对最终产品增加价值，进而提高企业的竞争地位。在这种方法中，信息技术是实现企业战略的关键工具——企业通过在价值链中灵活运用信息技术，可以发挥其使能作用、杠杆作用和乘数效应，从而增强企业的竞争能力，促进企业战略目标的实现。

（四）面向供应链管理的规划方法

面向供应链管理的规划方法主要是将企业内部流程管理的规划向企业的上下游伸展，强调与外部合作伙伴建立联盟，以利用整个供应链的综合优势来增强企业的竞争力。此类方法将供应链中的不同环节作为研究对象，通过评估这些环节的风险与收益来制定战略决策，如选择外包、独立生产还是合作投资生产等，进而帮助企业获得竞争优势。典型的方法是战略网格模型（Strategic Grid Model，SGM）。

战略网格模型方法侧重于诊断信息技术在企业战略中的作用，以此来指导企业的信息化规划。通过使用网格工具，战略网格模型方法根据现行系统和未来信息技术应用对企业战略影响的程度进行分析，研究信息技术可能产生的影响。这种方法在诊断企业当前信息技术应用的状态的同时，帮助企业确定信息化建设战略的调整方向，如图 2-2 所示。网格模型中的支持型（低影响）表示信息技术只起辅助作用，无须过多投资，主要用于中低层管理；工厂型（中等影响）虽然也大量使用信息技术，但对企业战略目标的影响有限；转变型（较高影响）指出信息技术对企业未来越发重要，需重视其杠杆作用；战略型（高影响）则暗示企业现在和未来都极度依赖信息技术。这种分类可以帮助企业根据自身的状况选择合适的信息化策略，以适应和引领市场变化。

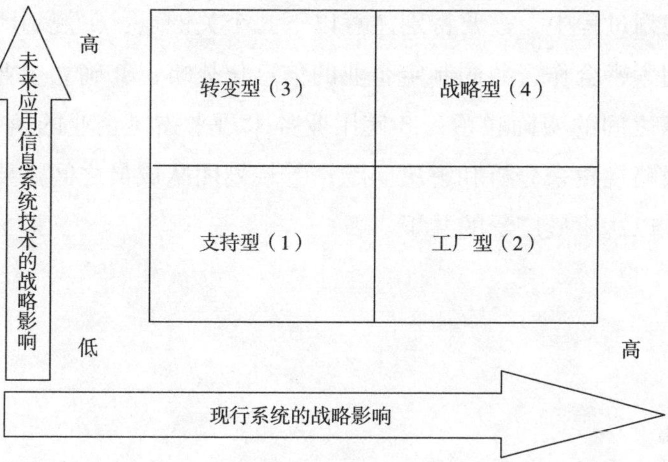

图 2-2　战略网格模型

六、企业信息化规划的具体结果、作用及注意要点

企业信息化规划的产出结果是多方面的，涉及企业的整体规划和发展方向。①它可以确立企业在信息化建设方面的长远目标，这可以为企业的信息化发展提供清晰的指引和方向。②对业务流程进行深入的分析和设计，这有助于优化流程效率和提升业务性能。③规划结果包括创建一个综合的基础设施框架，这个框架不仅涵盖技术需求，还包括系统架构设计，以确保技术基础能够支持企业的运作和发展。④应用系统框架的制定，包括应用系统的构思和数据模型，为企业信息化实施提供具体的实施指南。⑤制订软件开发和应用计划，以及详细的项目进度安排，以确保信息化战略的顺利实施，以及项目按时按质完成。

企业信息化规划的作用体现在以下几个关键方面：①它全面评估信息技术在加速和优化实现企业战略方面的作用；②它助力于赢得企业决策层对信息化建设的关注和支持；③它帮助达成企业内部对信息化建设的轻重缓急的统一认识；④规划会提供企业信息化的蓝图，协助企业更有效地利用资源。

在规划过程中，需要特别注意以下几个关键点：①规划团队需要与业务部门紧密合作，共同制定企业的信息化战略；②确立企业战略与信息化战略之间的明确联系；③使用业务术语来描述企业的信息化战略；④采用战略视角来分析和解决问题；⑤规划团队成员之间需要加强沟通和交流，以达成最广泛的共识。

第三章　现代企业财务管理及其信息化

第一节　企业财务管理概述

一、企业财务活动

企业财务活动是企业资金收支活动的总称，具体表现为企业在资金的筹集、投资及利润分配活动中引起的资金流入及流出。

（一）企业筹资引起的财务活动

为了开展经营活动，企业需要充足的资金作为支持。企业可能采取借贷、发行股份等多种方式来筹措资金，这些活动导致资金的流入。企业在偿还借款、支付利息、分配股利及承担各类筹资相关费用时，会引起资金的流出。这些活动，围绕着资金的筹措而产生，构成了企业财务活动的一部分。

在处理这些财务活动时，财务部门需要考虑多个方面的问题，如资金的需求量、来源、获取方式、成本和风险控制等。在面对这些挑战时，财务专业人员的目标不只是确保筹集的资金能够满足企业的运营和投资需求，还包括确保筹资的风险处于可控范围内。这是为了避免企业因资金筹集不当导致未来无法偿还债务而面临破产的风险。

（二）企业投资引起的财务活动

企业投资活动是利用筹集来的资金来获取价值增长的活动，这种活动及其相关的资金流动构成了企业投资引起的财务活动。企业的投资活动分为内部和外部两种形式。内部投资主要涉及购买原材料、机械、人力资源、知识产权等，以自主组织经济活动来创造收益；外部投资则涉及购买其他公司的股票、债券或通过联营等方式来获取收益。

在内部投资方面，企业在设备、厂房、无形资产等长期资产上的投资，由于其收回周期较长，通常被视为长期投资。这类投资主要用于构建企业的生产和运营基础，对企业的长期发展至关重要。企业通过利用这些生产和运营环境，进行日常的生产和服务活动。除此之外，企业日常的生产和运营活动也构成内部投资的一部分，涉及应收账款、存货等流动资产，由于其资金回收周期较短，因此被视为短期投资。在进行这些投资活动时，财务人员需要权衡多个因素，需要评估可选的投资方案、判断投资风险是否可接受，并在有限的资金中寻找能够带来最大回报的项目。在处理这些问题时，财务人员的任务除确保有限的资金被有效利用以最大化投资回报外，还要考虑投资风险和收益之间的平衡，以做出最佳的投资决策。

企业外部投资所引起的财务活动通常旨在通过投资获取长期的财务回报，如股息收入、利息收入或资本增值。外部投资活动要求企业评估潜在投资的风险与回报，涉及详细的财务分析和市场研究。从财务报表的角度来看，外部投资活动会影响企业的现金流量表中的投资活动部分，导致现金流出增加。长期而言，成功的外部投资可以为企业带来额外的收入来源和财务稳定性，但也增加了企业的财务风险和管理复杂性，需要精确的风险管理和财务规划来确保投资决策的正确性和投资回报的最大化。

（三）企业利润分配引起的财务活动

企业资金的来源主要分为两类：权益资本和债务资本。使用这两种资金进行投资和运营后，企业所创造的价值增值，减去债务资本需要支付的利息，就是企业的总利润。按照中国的法律法规，企业需要对其利润进行税前计算并缴纳企业所得税。缴税后的利润（即净利润）还需按照法定程序分配，包括弥补过去的亏损、提取盈余公积金、提取公益金、用于员工福利支出以及向企业所有者分配利润。

在利润分配过程中，向企业所有者分配利润是一个关键环节。企业需制定合理的利润分配策略，既考虑所有者的短期利益，又顾及企业长期发展的需要，合理安排留存利润用于扩大再生产。

这些财务活动——筹资、投资、利润分配，虽然各有侧重，但它们是相互关联和相互依赖的。对这些财务活动的管理构成了财务管理的核心内容。其中，企业日常运营中的对内短期投资，作为一种频繁且重要的财务活动，被视为财务管理的一个重要方面。

二、企业与利益相关者的财务关系

企业的财务关系涉及多方利益相关者，如股东、政府、债权人、员工、客户、供应商等。这些利益相关者对企业的运营具有显著影响。企业在生产经营活动中需要兼顾各方利益，以确保企业能够进入一个健康的发展循环。

（一）企业与投资者之间的财务关系

企业与投资者之间的财务关系，主要涉及投资者向企业投入资金和企业向投资者支付投资回报。这种关系本质上体现了所有权与经营权的相互作用——投资者提供资金支持企业运营，而企业则通过经营活动创造价值回报给投资者。

（二）企业与债权人之间的财务关系

除了利用所有者提供的资本金进行经营之外，企业还可能向他人或机构借入资金，这既可以补充资本金的不足，也可以帮助降低企业的资金成本。债权人包括贷款债权人（向企业提供贷款的个人或机构）和商业债权人（以销售货物或服务的方式提供短期融资的个人或机构）。在利用这些资金之后，企业需要对贷款债权人按时还本付息，而对商业债权人，则需按约定支付本金和利息（如果有约定）。

（三）企业与受资者之间的财务关系

企业在财务活动中，除了内部投资，还会通过购买股票或直接投资的方式向其他企业提供股权资金。在这种投资行为中，企业虽出资，但不参与被投资企业的日常经营管理。根据其出资比例，企业有权参与被投资企业的利润分配和剩余财产分配。在这种关系中，被投资的企业成为受资者，而企业与其之间的财务关系主要体现为所有权与经营权的关系。

（四）企业与债务人之间的财务关系

企业在经营过程中，可能会有闲置资金。要使这些资金发挥更大的效益，企业可能选择购买其他企业的债券或向其他企业提供贷款，以此获得利息收入。为了促进产品销售，企业可能采用赊销方式，形成应收账款，这本质上等同于向购货企业提供了短期贷款。无论是购买其他企业的债券还是向其他企业提供贷款，提供资金的企业成为债权人，而接受资金的企业则是债务人。一旦资金借出，企业有权要求债务人根据约定条件归还本金并支付利息。企业与债务人之间的关系是典型的债权债务关系。

（五）企业与国家之间的财务关系

企业与国家之间的财务关系包括：企业与国家财政之间的缴款拨款关系；企业与主管部门之间的资金调拨关系；企业与国家银行之间的存款贷款关系。其中，缴税与征税的关系是企业与国家之间最常见的关系。

（六）企业内部各部门之间的财务关系

企业内部各部门之间的财务关系显现为一种基于劳动成果的内部分配关系。在企业运行中，各个部门协作密切，共同推动企业价值的创造。通过实行内部经济核算制度和分级管理，企业能够精准核算各部门的经营业绩，有效实施奖惩机制。为了实现这一目标，企业可要求各部门间相互提供产品和服务，并进行内部结算，进而产生资金的内部流转。

（七）企业与员工之间的财务关系

企业与员工之间的财务关系关系到企业发展。员工作为企业的关键资源，为企业的发展做出贡献。企业依靠员工的劳动和创新来创造价值，而员工则依赖企业以获取生计。为了保持企业的持续发展和员工的积极性，处理好双方的财务关系至关重要。在这种关系中，企业将员工创造的价值的一部分以工资、薪金和福利的形式回报给员工。这种关系反映了劳动成果在员工和企业间的分配。

三、企业财务管理的特点

企业财务管理的特点如图 3-1 所示。

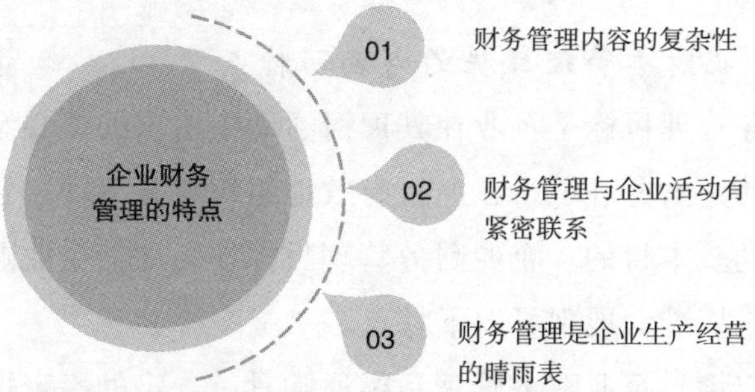

图 3-1 企业财务管理的特点

（一）财务管理内容的复杂性

财务管理涉及企业日常管理的方方面面，是一项综合性工作，涉及内容比较复杂多样。财务管理是一种货币价值管理，它将企业生产经营活动的过程用货币价值的形式加以体现，并予以管理。所以，财务管理包含的内容同样是复杂多样的。财务管理的最终目标就是通过一系列管控、协调、统筹，达到企业效益的最大化。

（二）财务管理与企业活动有紧密联系

资金是企业的生命线，与之相关的任何活动都需要财务管理的介入。无论是制定企业的整体发展战略还是日常的部门运作，都与财务管理紧密相连。企业的各项活动都依赖于财务管理下的资金管控。缺乏有效的财务管理，企业的运营将陷入混乱，效益受损，甚至可能面临破产风险。

（三）财务管理是企业生产经营的晴雨表

财务管理是衡量企业生产经营状况的重要指标。资金作为企业的动脉，支撑着其生产、经营和发展，而财务管理状况能够及时反映出企业的经营状况。财务管理既是企业运作的一个重要组成部分，又是企业健康状况的直接反映，是判断企业运营状况的晴雨表。

四、企业财务管理的目标

（一）企业财务管理目标的内涵和特点

企业财务管理目标是企业在其理财活动中追求的核心结果，这些目标是企业在特定财务环境下，通过有效地组织财务活动和管理财务关系所期望达到的基本目的。企业财务管理目标作为评估企业财务管理过程有效性的关键标准，展现了以下特点。

（1）稳定性。企业财务管理目标通常具有一定的稳定性。虽然随着经济体制和企业经营模式的变迁，以及人们认识水平的提高，这些目标可能会发生一定的变化，但这种变化是逐步的，并且需要在达到一个新的理解层面后才能被普遍接受。所以，财务管理目标在总体上呈现相对稳定的特性。

（2）可操作性。财务管理目标作为财务管理实施的基础，应具备激发组织动力的能力。企业应能根据这些目标制定具体的经济指标并加以细化，以便实现有效的自我监控和科学的绩效评估。这些目标应当是可操作的，即可以量化、跟踪和控制。

（3）层次性。财务管理目标本身构成一个系统，各种目标组成一个相互关联的网络，反映了目标间的内在联系。这种层次性是由财务管理的多样性内容以及它们之间相互关系的层次性所决定的。

企业财务管理目标的内容因企业所处的宏观经济环境、管理目标的评估标准以及管理的价值取向的不同而呈现出多样性。在不同的经营环境和价值观下，这些目标可能具有不同的侧重点和表现形式，以确保企业能够在其特定环境中有效运作。

（二）企业财务管理目标的类型

企业财务管理目标有如下几种类型。

1. 利润最大化

有些企业的财务管理以实现利润最大化为目标。这一目标建立在三个关键假设之上：①人类参与生产和经营活动的根本目的是创造更多的剩余产品，而在市场经济体系下，剩余产品的量可以通过利润的大小来衡量；②在竞争激烈的资本市场中，资本的有效使用权归于那些能够创造较多利润的企业；③只有当每个企业都尽力实现利润最大化时，整个社会的财富才能达到最大化，进而促进社会的整体进步和发展。

利润最大化作为财务管理目标有其明显的优势。它鼓励企业进行严格的经济核算，强化管理，不断改进技术，提高劳动生产率，降低成本，促进资源的合理配置和企业经济效益的整体提升。

但是，这一目标也存在一些不容忽视的局限性。①它未考虑到利润实现的时间差异和资金的时间价值。例如，当前10万元的利润与10年后同等金额的利润在实际价值上存在显著差异，因为随时间推移，资金的价值会发生变化。②它忽略了风险因素。不同行业的风险程度各异，因此同等利润在不同行业的意义不尽相同，例如，高风险的高科技行业与低风险的制造业在利润上的简单比较是不准确的。③它没有体现创造的利润与所投入资本之间的关系。④过分强调利润最大化可能导致企业过度倾向于短期财务决策，影响到企业的长期发展。由于利润通常是按年度计算的，企业的决策可能会偏向于满足年度目标的实现。

2. 股东财富最大化

将股东财富最大化作为企业财务管理的目标，侧重于将企业的价值转化为股东所持有股票的市场价值。对于上市公司而言，股东财富最大化主要体现在股票价格的最高化，这与单纯的利润最大化有所区别。股东财富最大化的核心优势在于它能够考虑风险因素，因为股价通常对风险有敏感的反应。此外，它更倾向于反映企业的长期价值，因为股票价格不仅受当前利润的影响，而且受未来利润预期的影响。对于上市公司而言，股东财富最大化的目标是较易量化的，便于对管理层的业绩进行评估和激励。

3. 企业价值最大化

将企业价值最大化作为企业财务管理的目标，侧重于企业资产所能创造的预期未来现金流量的市场价值。这一目标的优势在于：它需要综合考虑资金的时间价值和风险价值，强调对企业资产的保值增值，有助于避免管理层的短视行为，也有利于实现社会资源的合理配置。企业价值最大化也存在一定的局限性。例如，对于上市公司而言，尽管股价在一定程度上反映了企业价值的变化，但股价并非完全由企业财务状况决定，受到多种因素的影响。对于非上市公司而言，确定企业价值需要进行专门评估，其客观性和准确性难以保证。虽然存在这些挑战，但企业价值最大化仍被认为是现代企业财务管理的最佳目标。

4. 相关者利益最大化

现代企业作为多方利益相关者的集合体，在设定财务管理目标时，需考虑众多利益方的影响。在市场经济背景下，企业的相关利益方包括股东、债权人、员工、经理人、客户、供应商、政府等。

债权人面临的风险会随着企业借贷规模的扩大而增加，员工在劳动市场上的再就业风险也会随着劳动分工的细化而加剧。企业经理人，作为所有者的代理人，随着市场竞争的加剧及经营环境的变化，肩负更重的责任，面临更大的风险。企业与客户、供应商的关系不再局限于简单的买卖交易，而是形成长期的伙伴关系，在一定程度上共同参与供应链竞争，共担风险。政府，无论作为出资方还是监管机构，与企业各方利益紧密相关。

由上可知，企业的利益相关者远不止股东一方，还包括债权人、经理人、客户、供应商、员工及政府等多个群体。企业在确定财务管理目标时，要充分考虑到这些群体的利益，综合平衡各方的需求与期望。这一目标类型既体现了现代企业管理的复杂性，也反映了企业在市场经济中日益多元的角色和责任。

（三）企业财务管理目标的协调

企业财务管理目标的实现受多方利益群体的影响，包括投资者、受益者和承担风险者。要实现企业财务管理目标，就要平衡不同利益主体间的矛盾，这是财务管理过程中的核心挑战。

1.所有者与经营者之间的利益冲突的协调

这是财务管理中的关键问题。虽然股东财富最大化符合所有者的利益，但经营者可能有不同的目标。经营者倾向于追求更高的个人报酬和更优的工作条件，如较高的薪酬、资金支持、社会地位或减少工作时间和劳动强度。这些经营者的利益往往与股东的财富最大化目标不一致，并可能导致他们的行为与股东的利益背道而驰。

这种矛盾主要体现在两个方面：道德风险和逆向选择。道德风险是指经营者利用信息优势，为了个人利益损害股东利益的行为，例如，经营者可能会因个人利益而做出不利于股东的决策。逆向选择则是指经营者的选择违背股东意愿的情况。这可以表现为在有更优质、成本效益高的选项时故意选择劣质或高成本的方案。

调和所有者与经营者间的利益矛盾并防止经营者违背股东利益的方法主要有两种：监督和激励。一方面，由于信息不对称，经营者掌握的企业运营信息远多于股东，故股东需通过定期的财务报告和其他方式来监督经营者。监督的目的是尽量减少经营者背离股东目标的行为，但受限于信息获取的局限性和监督成本，全面监督难以实现。另一方面，激励机制通过将经营者的绩效与其报酬挂钩，促使经营者采取符合股东目标的行为。在实际操作中，股东需综合考虑监督成本、激励成本和经营者背离目标的潜在损失，以寻求最优解决方案。

2. 所有者与债权人之间的矛盾的协调

当企业借入资金后，其财务目标可能与债权人的期望不一致。一种情况是，所有者可能让经营者投资于高风险项目而未得到债权人同意，增加了偿债风险。若项目成功，所有者独享额外利润；若失败，债权人需要承担损失。这种情况下，风险与收益对债权人来说是不对等的。另一种情况是，所有者可能在未经原债权人同意的情况下增加新的债务，增加了原债权人的回收风险，这种情况损害了原债权人的利益。

对此，企业在财务管理中应当考虑到所有者、经营者和债权人之间的复杂关系，通过有效的机制来协调这些关系，以保障企业的长远利益和持续发展。

3. 所有者与社会公众的矛盾的协调

企业在社会关系网中的行为直接影响其社会责任的承担。当企业追求股东财富最大化时，其所采取的行动既可能有利于社会，也可能与其应当承担的社会责任发生冲突。例如，为了提高股东财富，企业可能会生产更多符合市场需求的产品或提供优质服务，使消费者、供应商、员工和政府受益，这种行为有助于增加就业、提高税收、提升工作环境和社区生活质量。但企业也可能会出现与其应当承担的社会责任相违背的行为，如生产低质量产品、误导消费者、忽视员工福祉和劳动环境、污染环境、逃税或者不诚实地对待供应商等。这些行为虽然短期内可能提升股东财富，但长期看来会损害社会整体利益，影响企业的可持续发展。对此，企业在追求股东财富最大化的同时，需要平衡与其他利益相关者的关系，确保其决策和行为既符合股东的利益，又符合社会责任的要求。这需要企业在经营策略中充分考虑社会伦理和责任，以维护企业长期的声誉和市场地位。

五、企业财务管理的原则

（一）货币时间价值原则

货币时间价值是指货币经过一定时间的投资和再投资所增加的价值。从量的规定性来看，货币时间价值是没有风险和没有通货膨胀下的社会平均资金利润率。

在实际的企业财务管理活动中，货币时间价值原则被广泛应用。例如，企业在做出长期投资的决策时，通常使用净现值法、现值指数法和内含报酬率法等方法，这些都基于货币时间价值原则。企业在评价不同筹资方案的资本成本、制定利润分配方案以及选择股利政策时，对于货币时间价值的考量也至关重要。企业在管理应付账款的付款期限、存货周转期和应收账款周转期等营运周期的过程中，也都需要考虑货币时间价值。

（二）资金合理配置原则

资金合理配置意味着企业在管理资金时，不仅要注重资金总量的充足性，还要关注资金在不同领域的合理分布，以实现最佳的经济效益。从筹资的视角来看，资金合理配置体现在资本结构的优化上，包括债务与所有者权益的合理比例，以及长期债务与短期债务的适宜搭配。企业内部各项目间的资金分配也应遵循合理配置的原则。

从投资角度出发，资金合理配置涉及不同类型资产间的均衡，这包括对内投资（如流动资产与固定资产的比例、有形资产与无形资产的配置、货币性资产与非货币性资产的配置）和对外投资（债权投资与股权投资的比例、长期投资与短期投资的均衡）的考量，也涵盖了在各个投资项目中维持资金比例的合理性。这种多维度的资金配置旨在确保资金的有效运用，也能从整体上增强企业的经济效益。企业在实施资金配置时，需要综合考虑市场环境、企业目标及企业内部资源状况，以制定出最适合自身发展的资金分配方案。合理的资金配置有利于保障企业的日常运作和长期发展，提高企业的市场竞争力，促进其商业目标的实现。

（三）成本效益原则

成本效益原则要求企业在各种经济活动中比较投入的成本和预期的效益，确保效益超过成本以实现净增效益。例如，企业在筹资活动中，需要比较资本成本与投资的预期收益；在投资决策中，需要对比投资项目的现金流出和流入；在生产和经营活动中，需要关注生产成本和经营收入之间的关系。

在选择不同的备选方案时，企业应考虑每一选项的机会成本，即放弃其他方案可能带来的潜在收益，并将其与选择的方案预期收益进行比较。在应用成本效益原则时，企业还需要注意避免沉没成本的影响。沉没成本是指那些已经发生且无法通过未来决策改变的成本，它们不应该影响当前和未来的财务决策。

（四）风险和报酬相均衡原则

市场经济中的企业经营活动总是伴随着风险，而企业为了获得收益，需要接受并合理管理风险。风险和报酬相均衡原则指出，企业在进行财务决策时，需要在风险与预期收益之间做出均衡的选择，这表明决策者要在潜在的风险和可能的报酬之间找到一个平衡点，既不盲目追求高风险高收益，也不完全规避风险以致放弃增长机会。例如，在筹资决策中，负债资本通常成本较低但带来较高的财务风险，而权益资本成本较高但风险相对较低，企业在确定资本结构时，需要在这两者之间找到最佳平衡点。同样，在投资决策中，企业应综合考虑项目的潜在收益与风险，进行全面的可行性分析，确保投资决策既有望获得收益又符合企业的风险承受能力。

在具体实施时，由于不同管理者对风险的态度存在差异，决策也会呈现不同的风格。有些管理者可能倾向于接受更高的风险以获得更高的收益，而有些管理者则可能偏好稳健的低风险路径。但无论如何，有效的风险管理都要求风险与报酬之间保持相对均衡，避免无效的高风险投资。

（五）收支积极平衡原则

财务管理是对企业资金流动的有效控制。企业在财务管理中既要规避资金短缺可能带来的运营问题和机会损失，也需避免过量资金的资源浪费。为了遵循收支平衡的原则，企业需采纳多样化的管理策略。在内部管理方面，提升产品质量、拓展销售网络、加强成本控制和改善资金分配是关键；而在与外部环境的互动中，企业应维持与资本市场的良性互动并增强融资能力，以确保资金的及时获取。

（六）利益关系协调原则

企业在财务管理中应当兼顾各方利益主体的权益，包括股东、经理人、债权人、员工等，这些利益相关者的需求和权益构成企业运营的基础。协调各方利益的原则要求企业创造一个和谐的发展氛围，合理分配利润和价值，以激励各方积极参与。企业应采用多元的分配机制，如按劳动、资本、技术贡献和绩效等标准分配，以确保各方利益的平衡。

六、企业财务管理的环节

（一）预测与决策

1.财务预测

财务预测是根据企业财务活动的历史资料，考虑现实的要求和条件，对企业未来的财务活动做出较为具体的预计和测算的过程。此过程相当于企业的一个“望远镜”，帮助领导层明确发展方向和制定战略计划。

主要的财务预测内容涵盖以下几个方面。①销售预测：这涉及对未来销售量、销售价格和总销售收入的估计。②资金预测：重点在于预计未来所需资金量和现金流量。③成本费用预测：主要关注销售成本、税金和各类期间费用。④利润预测：涉及对企业盈利能力及其分配的预测。

在进行财务预测时，企业需要搜集大量财务和相关资料，运用科学方法来进行预测。准确的财务预测是做出科学决策的关键基础。

财务预测的主要作用包括：①提供各种生产经营方案的经济效益预测，为决策过程提供可靠依据。②预计财务收支的变化趋势，帮助设定经营目标。③测算各项定额和标准，为制订和分解计划提供指导。

财务预测的方法多种多样，常用的分为定性预测和定量预测两大类。①定性预测法：基于直观信息，依赖个人经验和综合分析能力来预测未来趋势，主要包括专家意见法、专家调查法和集体判断法。②定量预测法：利用变量间的量化关系（如时间、因果关系等）来建立数学模型进行预测，包括直接预测法、趋势预测法、因果预测法、回归预测法和指数预测法等。

财务预测的过程遵循一定的步骤以确保其准确性和实用性，主要包括以下四个阶段。①确定预测的焦点和目标：根据管理层的需求明确预测的具体领域和目标。这一步骤的关键在于界定预测的范围，选择合适的预测方法，以此来确保预测结果的有效性和相关性。②搜集与整理相关信息：在明确了预测的目标后，接下来的任务是广泛搜集相关的数据和信息，包括内部和外部的数据、财务和技术方面的资料，以及历史和当前的统计数据。重要的是对这些资料进行细致的筛选和处理，以排除非典型因素的干扰，确保所用数据的准确性和完整性。③选择适当的预测模型：基于预测目标和收集到的数据，选择一个适当的财务预测模型。这一步骤涉及对影响预测对象的各种因素及其相互关系的深入分析。④输出预测结果：利用选定的模型进行定量和定性分析，得出初步的预测结果，然后根据实际情况对这些结果进行调整和修正，最终形成一份详细的预测报告。

2. 财务决策

财务决策是指按照财务战略目标的总体要求，利用专门的方法对各种备选方案进行比较和分析，从中选出最佳方案的过程。具体来说，财务决策主要包括三大类：筹资决策、投资决策和股利分配决策。筹资决策聚焦于确定资金来源、规模和结构，涉及选择筹资渠道和方式；投资决策则是评估不同投资项目的可行性，以确定最佳投资选择；而股利分配决策关注如何分配企业利润，以平衡企业需求和股东利益。

决策方法可分为经验判断法和定量分析法。经验判断法依赖于决策者的经验和直觉，采用如淘汰法、排队法等方法；定量分析法则更注重数据和计算，常用的技术包括优选对比法、线性规划法、数学微分法、决策树法和损益决策法等。

企业在进行财务决策时，一般遵循三个步骤：一是明确决策目标。这需要在深入了解企业财务状况的基础上，明确所需解决的财务问题，如筹资方式、投资项目和对外投资种类。二是制定多种备选方案。基于对未来发展的预测，详细分析每个方案中的现金流出入，确保提出的方案具有可行性。三是评估并选择最优方案。使用合适的标准和方法来评估各方案的经济价值，选择效果最佳的方案。对于重大财务活动，还需专家鉴定以保证方案的可行性。

（二）预算与控制

1. 财务预算

财务预算是企业制定的一种重要的财务规划，它基于已确定的财务决策方案，并利用财务预测的数据来设定特定时间内的各项财务指标。这一过程量化和具体化了财务决策，还体系化地反映了企业与各相关利益方的财务关系。它是企业在财务领域的基本行动指南，并为财务控制、分析和考核提供基础。

财务预算分为广义和狭义两种。狭义的财务预算关注企业的货币收支和财务状况，包括现金预算、预计利润表、预计资产负债表和预计现金流量表等。而广义的财务预算则涵盖了企业在一定时期内的全面生产经营活动，除狭义的预算内容外，还包括销售预算、生产预算、直接材料预算、直接人工预算、制造费用预算、销售费用预算和管理费用预算等。

编制财务预算的方法包括固定预算法、弹性预算法、增量预算法、零基预算法、定期预算法和滚动预算法等。企业应根据不同情况选择适合的预算方式。

财务预算的编制过程通常包括三个主要步骤：第一步是分析财务环境并明确预算目标。企业需要根据市场供求情况和生产能力，分析与经营目标相关的各种因素，并根据国家产业政策和企业战略，确立各主要计划指标。第二步是协调企业的财务能力。企业应进行综合平衡，合理安排人力、物力和财力，制定或修订各项定额指标，以确保它们与企业经营目标相适应。同时，企业应确保资金的流动性和固定性、资金的运用与来源、财务支出与收入之间的平衡。第三步是选择合适的预算方案并编制财务预算。企业要以经营目标为核心，以平均先进定额为基础，确定计划期内的各项指标，并编制出相应的财务计划表，确保各项指标之间协调一致。

2.财务控制

财务控制是企业通过信息和特定方法对其财务活动施加调整和影响的过程，旨在实现预定的财务目标。财务控制是企业财务管理中的一项基本的、日常性的工作，关键在于确保预算目标的实现，落实预算任务，并严格执行财务制度。

财务控制的主要内容可以概括为利润控制、成本费用控制和资金调度控制。其中，利润控制是财务控制的核心，财务控制的重点放在成本费用控制上，而资金调度控制则是实施财务控制的关键环节。这些内容体现了市场经济对企业财务管理的基本要求以及企业目标和财务管理目标之间的内在联系。

根据控制权限的不同，财务控制方式分为集中控制、分散控制和多级递阶控制。按照控制标准的不同，财务控制方法可以分为制度控制、预算控制和定额控制。而从控制次序上看，一般有前馈控制、过程控制和反馈控制等分类。另外，根据控制的手段，财务控制可以划分为定额控制和定率控制。

财务控制一般要经过以下步骤：一是确定控制目标。它是建立在财务计划的基础上的。企业需要设定一个全面的目标，遵循责任、权限和利益相结合的原则，并将这个总目标分解到各个责任部门和个人。二是设定控制标准，将细化的目标进一步具体化，分配给各个责任单元和员工。三是控制执行标准，包括根据既定标准进行及时调整和控制，以确保所有财务活动都在预算的范围内进行。四是执行偏差的确认，即通过财务信息系统实时监控财务活动的实际运行情况，并及时识别和评估任何偏差。五是分析造成偏差的原因，确定责任归属，并采取有效措施来消除这些偏差，以确保整个财务计划的顺利完成。这一系列步骤的目的是确保企业财务活动的有效控制和目标的达成。

（三）分析与考核

1.财务分析

财务分析是一种系统性评估，旨在深入理解企业的财务状况和经营成效，并对其未来发展趋势进行预测。这种分析基于企业财务报表和相关信息资料，运用特定的方法来实现，其重要性在于，它不仅是对已经发生的财务活动的回顾，而且为未来的财务预测奠定基础，扮演着承前启后的角色。要提升整体财务管理水平，离不开高水平的财务分析，它能够帮助明确各项财务计划的执行情况，有效评估财务状况，探索企业财务活动的规律性，以及帮助改进财务预测、决策、预算和控制的流程。

根据进行的时间，财务分析可分为定期分析和不定期分析。根据进行的范围，财务分析可分为全面分析和专题分析。常用的分析方法包括对比分析、比率分析、因素分析和差额分析。

财务分析的步骤包括：一是信息资料的收集和掌握，包括历史数据、计划数据、实际数据和市场调查资料等。二是通过指标对比来揭示存在的问题和差距，如实际与计划、本期与前期、本期与历史最佳或同行业水平的对比。三是分析造成差距的原因，明确责任，包括从生产技术、生产组织、经济管理、思想政治以及内外部环境等各方面识别影响因素。四是根据分析结果，提出具体、切实可行的改进措施，并明确责任人和实施期限，同时对有效的影响因素继续加以鼓励和推广。

2.财务考核

财务考核是一种关键的管理工具，它涉及比较实际财务成果与既定目标的差异，进而评估各责任部门和个人的任务完成情况。这一过程与奖惩制度紧密相连，反映了责任制的实施，也是建立有效激励和约束机制的重要部分。考核的方法多样，包括使用绝对数值指标、相对数值指标、任务完成的百分比等方式，或者综合运用多个财务指标进行全面评估。在预定的财务周期结束时，企业应对各责任部门的财务计划执行情况进行考核，并将考核结果纳入各级岗位责任系统，以实施奖励优秀表现和惩罚不足之处的策略。

第二节　基于信息化的财务管理转型

一、财务管理转型的必要性

财务管理转型，也可简称为财务转型，是一种针对增强企业竞争力而进行的财务改革过程，旨在最大化企业价值。这种转型体现在财务职能从传统的核算和管理职能，向着战略导向的转变。

（一）财务管理环境的变化促使财务转型

在传统企业管理体系中，财务战略主要聚焦于资本的筹集和运用，而财务管理通常更多涉及企业运营流程的计量和信息反馈，作为相对独立的职能存在。但是，这种独立性在现代市场经济的背景下正在逐渐减弱。在现代企业中，财务管理除涉及资金的统筹和需求处理外，还关注现金流动情况，并在企业核心管理过程中发挥关键作用，超越了单纯作为生产经营附属功能的角色。并且财务管理与企业的其他战略功能紧密相连，如根据经营管理需求进行资金筹集和分配，根据融资需求制定股份分配策略等，说明财务管理已与其他业务活动密切交织。面对复杂的财务管理环境，企业需要通过财务转型实现价值管理，挖掘生产、销售、采购等环节的价值潜力，优化作业流程，提升企业价值。

（二）财务管理内容的变化促使财务转型

随着社会经济和信息技术的发展，传统财务管理的内容和角色有了很大改变。具体来说，在财务会计工作中，核算任务所占的比重逐渐减少，而财务分析和业务统筹的重要性不断提升。这一变化意味着财务工作的范围已经扩展到预算规划、价值管理等更广泛的领域。它促使财务管理向一种更加业务导向的模式转型，以实现财务管理的角色和能力的升级。

（三）财务管理作用的更好发挥需要财务转型

新时期企业发展需要财务管理更好地发挥作用，因此需要财务转型。这一转型应着重强化三个关键职能：资源配置、过程管控和信息提供。在经济活动的前期，财务管理应整合内部资源，以市场为导向，运用全面的预算管理体系对资源进行有效配置，并推动企业资产、收入和成本费用的结构性调整。在业务的实施阶段，财务管理应通过分析和审查等手段，建立健全的预警体系，为业务发展提供必要的支撑。在经济活动的后期，财务部门需要提供高质量的信息服务，为决策层提供坚实的支持，引导经营管理实现企业价值的最大化。为了达到这些目标，财务管理需要在处理能力和组织结构上进行必要的变革。

二、财务管理信息化的基础理论

财务管理信息化的基础理论如图 3-2 所示。

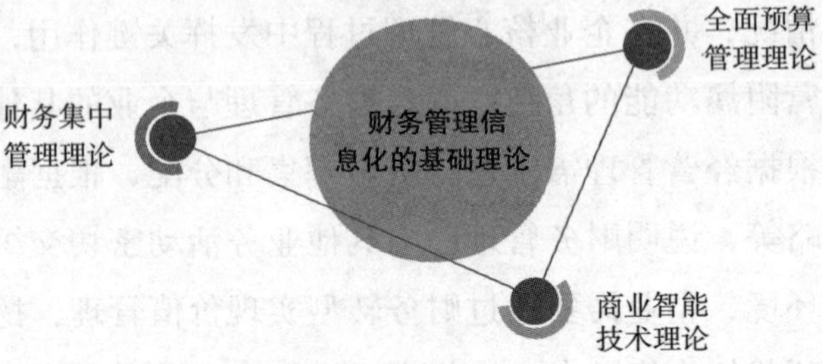

图 3-2　财务管理信息化的基础理论

（一）财务集中管理理论

财务集中管理是一种高效的财务管理模式，主要通过集中核算、集中控制和决策支持等方式来进行。此管理模式涵盖了核算层、管理层和决策层三个关键层面。对于企业来说，核算层负责信息源的集中处理，为企业信息化打下基础。管理层则承担着将企业战略转化为具体预算执行并进行管控的任务，以确保信息化策略的有效实施。决策层与企业高层直接对接，为重要决策提供数据支持，并在指导企业整体方向上发挥重要作用。

在实施财务集中管理时，制度的规范化、流程的标准化、组织结构的调整及职权的重新分配都是不可忽视的内容。企业还应建立健全的信息平台，以保障财务集中管理的顺利运行。财务集中管理体系的设计直接关系到财务管理信息化实施的成效。为了达到最佳管控效果，企业需要进行全面的制度规范、流程优化、组织结构调整和信息平台建设，为整个企业的运行提供全面的管理框架和指导。

（二）全面预算管理理论

对于企业来说，全面预算管理作为一种全面的计划和控制工具，反映在企业的各个经营活动中，如现金、费用、资本、损益等多个方面。

最初，预算管理的功能主要集中在计划与协调上，随着理论的发展和实践的深入，预算管理逐渐融入了控制、激励和评价的职能，成为企业内部控制的核心手段之一。企业内外环境的变化、跨越式发展和现代化管理需求的综合推动，促进了全面预算管理的发展。

全面预算管理主要涵盖经营、资本、筹资和财务预算四大部分。企业的不同特点和需求导致全面预算管理在应用过程中具有多样性。价值链和供应链的研究为全面预算管理提供了新的视角，但直到信息技术和管理软件的结合，以及作业成本管理的引入，全面预算管理才真正开启了新的篇章。这些技术的应用有效简化了预算编制的工作，也推动了预算管理系统的发展和普及。

随着企业信息化的不断发展和深化，全面预算管理得到了更加广泛的应用和推广。同时，全面预算管理与企业战略的结合更加紧密。

（三）商业智能技术理论

商业智能是一种将海量数据转换为有用信息和知识的技术，它随着信息技术的发展而逐渐成熟。通过运用数据仓库、数据挖掘等技术，商业智能能够对数据进行多维度的分析和深入挖掘，使原本混乱无序的数据转化为具有决策价值的知识，继而在商业活动中发挥作用。

商业智能的核心技术包括数据仓库、数据集市、数据挖掘和联机分析处理。数据仓库作为企业各类业务数据的集中存储地，与数据集市一起构成了商业智能系统的基础。数据挖掘技术的主要职能是从大量数据中提取有价值的信息，为联机分析处理的分析和处理工作提供必要的支持。

在企业的财务管理信息化进程中，有必要引入商业智能技术。面对信息化时代的信息爆炸问题，企业可通过商业智能技术整合内部信息，满足不同管理层次的个性化信息需求。通过将复杂的数据转化为易于理解的知识，商业智能技术帮助管理者从大量的数据中洞察商业趋势和机会，为企业的决策和发展提供支撑。

三、财务管理信息化涉及的系统

财务管理信息化涉及的系统一般有电算化会计信息系统、财务管理计算机系统、财务管理信息系统等。

（一）电算化会计信息系统

电算化会计信息系统的构成是多元化的，通常包括多个功能各异的子系统。这些子系统分别处理特定的会计数据，并提供相应的会计信息，它们之间可以相互交换信息，以共同实现系统的整体目标。会计的基本职能包括反映、监督和参与决策，也可以说是会计的核算职能、管理职能和决策职能。电算化会计信息系统按照这些职能划分，通常包括电算化会计核算信息子系统、电算化会计管理信息子系统和电算化会计决策支持子系统。每个子系统针对会计的不同职能发挥着关键作用，共同推动企业会计信息化管理向更高水平发展。

电算化会计信息系统是企业管理信息系统的一个关键子系统。会计作为一种关键的管理活动，通过货币的价值形式来详细记录和监控企业在生产过程中的资金流向，包括资金的形成、使用和分配，这使电算化会计信息系统与其他管理信息子系统相比具有明显特征。

（1）定量化。与其他子系统相比，会计信息系统更加注重于数据的精确性和量化分析。在这个系统中，所有产生的会计信息都必须严格遵守国家会计制度的规定，确保信息的准确性和规范性。

（2）全面化。会计信息会参与到企业管理的各个方面。例如，设备管理子系统可能只专注于设备的使用价值管理，而会计信息系统则涵盖了企业生产经营过程中所有可用货币计量的经济活动。与此同时，会计信息系统对于确保企业在最低投入下获得最大的经济效益起着至关重要的作用。实际上，企业中的管理人员都在一定程度上依赖会计信息来做决策。

（3）复杂化。由于会计信息系统全面地反映企业生产经营活动，因此它不仅内部结构复杂，由若干子系统构成，而且它跟其他管理子系统以及企业外部之间的关联也较为复杂。这个系统既要接收来自其他管理子系统的数据，还要经过加工和处理后向相关系统提供必要的信息。这样的功能设定使会计信息系统的内部和外部接口非常复杂且互相关联。

（4）信息最大。会计信息系统收集、处理、存储并提供大量的经济信息，其信息量大约占企业全部信息量的70%左右。从信息处理的角度来看，会计信息系统在企业管理信息系统中扮演着核心角色。

（二）财务管理计算机系统

财务管理计算机系统是一种融合了现代计算机技术和信息处理技术的财务管理工具，它依托于管理会计提供的模型和会计信息系统的数据，旨在自动或半自动处理企业财务管理中的结构化问题，为解决半结构化和非结构化问题提供必要的分析和决策支持。该系统的特点在于，对于规则化、模式化的结构化问题，它能够提供标准化的处理方法；对于更为复杂和多变的半结构化或非结构化问题，它通过提供背景材料、协助分析、提出解决方案等方式，协助决策者制定科学合理的经营策略。

在企业财务管理中，虽然一部分问题可按固定模式处理，显示出一定的规范性，但大多数问题因环境变化而呈现不规范性，难以预测。这些问题通常与企业的内部环境紧密相关，且需依赖企业管理子系统的信息数据进行分析，以预测和判断各种财务问题。由此可见，财务管理计算机系统实际上是一个集管理信息系统和决策支持系统功能于一体的综合性系统，它拥有管理信息系统的基本特点，还集成了决策支持系统的核心功能，能够有效地协助企业在不同情境下做出精准的财务决策。

（三）财务管理信息系统

财务管理信息系统是指利用信息技术，结合财务管理方法、管理理论，以计算机及网络为工具，建立各种预测、决策、预算与控制以及分析模型，对各种业务数据和财务信息进行再处理的人机系统。其目标是通过计划、组织、控制、协调与业务职能一体化来实现企业资源的最优配置，提高企业经济资源的使用效率，为企业优化管理和经营决策提供科学的依据。

财务管理信息系统是依靠若干个构成模块的集成来实现的。一般来说，财务管理信息系统包括组织互连信息模块、会计事务处理信息模块、财务管理信息模块、财务决策支持模块以及财务主管信息模块五个部分。其中，组织互连信息模块是解决企业内部组织之间以及企业与关联企业之间的信息传输问题；会计事务处理信息模块的作用是提供精确、及时的信息，提高财务工作效率和成功率；财务管理信息模块、财务决策支持模块和财务主管信息模块是从不同的角度、不同的层次解决财务管理中的计划、控制、决策等问题。这些模块的成功建立以及相互之间的集成管理是财务管理信息化成功的体现，他们之间的关系密不可分。

四、财务管理信息化的意义

第一，财务管理信息化显著降低了财会人员的工作负担，极大提高了会计处理效率。计算机自动处理大量会计工作，如数据计算、分类、存储和传输，让财会人员从繁重的记账和报账工作中解放了出来，并实现了高效、精确的数据处理。

第二，财务管理信息化促使财务工作更加规范化，有效提升了工作质量。系统对数据的规范化要求，避免了手工操作中的错误和疏漏，实现了财务工作流程的标准化和系统化，确保了财务数据的准确性和可靠性。

第三，财务管理信息化推动了财会人员素质的整体提升。一方面，自动化处理释放了工作时间，为财会人员提供了学习新知识和技能的机会；另一方面，财会人员需要掌握与财务管理信息化相关的技能和知识，这促进了其专业技能和知识结构的更新和提升。

第四，财务管理信息化促进了财会工作职能的转变。在传统的手工操作模式下，财会人员的主要工作聚焦于日常的账目处理，而财务管理信息化使这些任务自动化，释放了财会人员的时间和精力，使他们能更深入地参与到企业的经营管理中。电子计算机处理大量数据的能力则使财会人员能够更有效地进行数据分析、预测和决策，这有利于实现会计的实时控制和前瞻性预测，提升财务管理在促进企业运营和提高经济效益方面的作用。

第五，财务管理信息化促进了会计理论和会计实务的发展，推进了财会制度的改革。财务管理信息化的引入，不仅是技术层面的创新，还是对会计核算内容、方式、程序和对象的全面影响。例如，电子账簿的使用改变了传统账簿的概念和分类，内部控制和审计方式的变化也需要对审计程序进行相应的调整，这些变化要求财务管理制度进行相应的改革以适应新的环境。

第六，财务管理信息化奠定了企业管理现代化的基础。现代企业的发展既需要提升生产技术水平，又需要提高管理效率和水平。会计信息作为企业管理信息的重要组成部分，具有广泛的涉及面和强大的渗透性，而通过实施财务管理信息化，企业能够在激烈的市场竞争中保持竞争力，加速企业管理的现代化进程。

第三节　企业实施财务管理信息化的策略

一、树立科学合理的智能化财务理念

智能化财务理念强调利用先进的信息技术，如人工智能、大数据分析和云计算等，来优化财务管理流程，提高决策的效率和准确性。智能化财务理念要求企业从传统的手工处理和数据核算模式转变为更加侧重于战略分析和价值创造的模式，这涉及整个企业财务管理模式的转型，意味着财务部门不单是一个数据处理中心，而是一个为企业决策提供战略支持的核心部门。在这个理念下，财务管理的重点是通过智能化手段

进行数据分析，为企业的长期发展和战略规划提供依据。

二、拓展财务管理信息化体系的支撑范围

（一）明确支撑部门与支撑人员

企业财务管理信息化体系的有效支持和维护分为两个关键领域：业务层面和系统运行层面。业务层面的维护聚焦于确保业务功能的顺畅运行，涵盖了系统基本数据的持续更新、提供日常操作的培训与支持，以及收集与整合用户需求等，这一部分通常由业务部门相关人员负责。系统运行层面的维护则侧重于基础设施，如主机、数据库、存储设备、网络及接口等的管理，通常由技术支持部门来执行。

（二）规范支撑管理制度

企业可以建立一个三级运维支持服务体系，以便对信息化体系进行全面监控和管理。具体而言，一级维护支持由专业维护服务团队承担，主要处理关键用户提出的紧急问题和需求。二级维护支持针对系统的超级用户提出的问题和需求。用户可通过各种渠道如网络、电话和邮件等，提交问题或需求。三级维护支持则涉及第三方厂商，主要针对产品的技术缺陷或系统级别的重大问题进行处理。对于企业内部开发的系统，一旦系统发生重大问题，可由业界知名的第三方厂商负责解决。通过这种分层、多渠道的支持体系，企业可以确保财务管理信息化体系的稳定性和可靠性。

（三）建立运维辅助平台

系统的维护和运营涉及多个环节，包括系统规划部署、实时监控、日常运维管理和运维安全审计等。为了提升这些环节的效率和安全性，建立一个专业的运维辅助平台是至关重要的。该平台主要负责以下几个关键任务。

1. 知识库的建立和维护

这是运维管理的基础工作之一，旨在为系统运维管理中遇到的问题

提供可靠的参考依据和标准。通过构建知识库，企业能够系统化地归纳和整理常见问题、规章制度等，以降低处理问题时的风险。

2. 硬件设备的管理与监控

运维辅助平台需对企业的硬件设备进行全面的管理和监控，特别是对那些系统脆弱点的重点监控。同时，运维辅助平台需实施定期的报告制度。对于复杂的资源链，运维辅助平台还应具备实时风险警告的功能。

3. 定制化应用的特别关注

由于定制化应用往往是故障率高、影响力大的关键部分，因此对其进行重点监控显得尤为重要。定制化应用通常具有预知性差和突发性强的特点，故其监控需求更为迫切。

4. 提高监控的扩展能力

随着系统生命周期的变化，其故障特征也会发生变化。运维辅助平台通过持续监控和不断调整设备配置，能够有效提升系统对各类监控需求的适应和响应能力。

三、加强财务管理信息化体系安全性设计

加强企业财务管理信息化体系的安全性设计是当前企业信息化战略中的关键任务。安全性设计关乎企业财务数据的保密性、完整性和可用性，也直接影响到企业的整体运营效率和声誉。

企业需要实施综合的网络安全措施，包括部署高效的防火墙、实时监测和响应系统，以及入侵检测系统等。防火墙作为第一道防线，有助于阻挡未经授权的访问和网络攻击。入侵检测系统则能够监测和报告任何可疑活动，以及时发现和应对潜在的威胁。此外，企业需要定期进行网络安全培训，加强员工对网络安全重要性的认识和对各种网络威胁的应对能力，这是防止内部安全漏洞的关键。

加强数据加密和备份措施也是提升财务管理信息化体系安全性的重

要环节。所有敏感财务数据都应经过强加密处理，以确保在数据传输过程中的安全。企业应定期对重要数据进行备份，并将备份数据存储在安全的、与原始数据地理位置分离的位置，以防止发生自然灾害或其他事件时迅速恢复系统运行。

四、强化管理，提升财务管理信息化体系应用的功能和水平

企业财务管理信息化体系的建设和完善，旨在加强实际应用，推动企业管理模式的全面革新。这种变革结合了信息技术与财务管理的优势，而且致力于提升管理效率，实现财务与业务的无缝对接，由此，财务管理人员面临的挑战不仅局限于财务领域的知识，还扩展到对相关业务的深入理解。这一情况同样适用于非财务背景的员工，他们也需要掌握必要的财务管理知识，甚至调整其工作管理方式。

企业在财务管理信息化体系构建的早期阶段，就应当建立和执行全面的人员培训制度，以确保整个建设过程中的连续性和有效性。这种人员培训制度的目的在于提升财务人员和非财务人员的相关业务素养，特别是网络知识方面的技能。这可以激发财务人员对于信息化体系的学习和应用的积极性，促使他们主动适应新的财务管理模式。

第四章　现代企业人力资源管理及其信息化

第一节　企业人力资源管理

一、人力资源的内涵

美国的制度经济学家康芒斯（Commons）在20世纪初的著作《产业荣誉》与《产业政府》中首次提到了“人力资源”这个概念，然而其定义与今天人们的理解存在明显差异。1954年，著名管理学家彼得·德鲁克（Peter Drucker）在《管理实践》一书中对现代意义上的“人力资源”进行了清晰的阐述。德鲁克强调，人力资源拥有协调能力、融合能力、判断力和想象力等独特素质，这些素质使人力资源成为一种特别的、需要通过激励机制激发其潜能的资源。1965年，美国管理学家雷蒙德·迈尔斯（Raymond Miles）在《哈佛商业评论》发表的文章进一步推动了人力资源概念在理论界和管理层面的广泛关注。

广义上的人力资源指的是一个社会中具备智力和体力劳动能力的人的总和，涵盖了数量和质量两个维度。数量上指的是具有劳动能力的人口总数。质量方面则包括劳动力的工作能力、学历、受教育程度、技能水平和经验等。高质量的劳动力能创造更高的价值，并且在推动经济发展上起到更为显著的作用。狭义上的人力资源是组织中用于生产和服务的人力，它在经济发展中扮演重要角色，是组织运营中具有活力和积极性的要素。人力资源分为现实劳动力资源和潜在劳动力资源。现实劳动力资源指能够立即参与劳动过程、对社会经济发展做出贡献的人群。潜在劳动力资源则涵盖了那些暂时未能参与特定劳动的人群，他们需要经过培养和发展才能形成实际的劳动能力。对儿童的教育旨在培育其未来劳动能力，对文化水平较低的群体进行技能培训以满足现代生产需求，这些均属于潜在人力资源的开发。

人力资源作为一种独特的资源，具有自然资源、资本资源和信息资源所不具备的多种特性。第一，人力资源具备时效性，其开发和利用受到时间的制约；第二，它具备能动性，不仅是开发和利用的对象，还能自我发展；第三，人力资源具有两重性，同时兼具生产者和消费者的角色；第四，人力资源的智力性质使其能积累、延续并增强；第五，人力资源具有再生性，通过人口再生和劳动力的再生产，其总量有可能得到增加；第六，人力资源具有延续性，即使用后仍可继续开发；第七，人力资源的时代性表明，随着经济发展水平的提升，人力资源的质量也会发生相应变化。

二、企业人力资源管理的内涵

企业人力资源管理是企业中一系列关于人力资源的策略和管理活动的总称，在企业发展的过程中发挥着至关重要的作用，常被视为企业核心竞争力的关键。可以说，企业在市场竞争中的成败很大程度上取决于它是否具备专业的人力资源。现在，社会对企业人力资源管理的要求日益提高。建立健全的人力资源管理体系，最大限度地发挥人才的能力和智慧，已成为现代企业管理者面临的重要课题。

从理论角度来看，企业人力资源管理涵盖了对人力资源的有效开发、合理配置、充分利用和科学管理的一系列制度、规章、程序和方法。从操作层面来讲，企业人力资源管理是在经济学原理和以人为本的思想指导下，通过招聘、选拔、培训、薪酬等管理活动，对企业内外的人力资源进行有效的管理和应用，以满足组织当前和未来的发展需求，确保组织目标的实现和成员的个人发展。

1958 年，工业关系和社会学家怀特·巴克（Wight Bakke）在其著作《人力资源职能》中首次将人力资源管理作为一种常规的管理职能进行讨论。到了 1981 年，美国学者戴瓦纳（Devanna）在《人力资源管理：一个战略观》中提出将人力资源提升至战略层面，并对战略人力资源进行了详细界定。他指出，战略人力资源涉及企业在人力资源管理方面的所有行为，这些行为与企业的发展紧密相关。由此可见，人力资源的发展与企业的成长密切相关，只有通过有效的人力资源配置，企业才能实现其战略目标。

人力资源管理在企业管理体系中占据着传统而重要的地位，是企业发展不可或缺的一环。在现代企业运营中，人力资源管理的观念和实践方式变得更加科学和高效。企业通过招聘和面试等方式筛选和识别人才，随后通过培训、职业发展规划和晋升机制等手段挖掘和扩展人才的潜力，进而充分利用企业内的人力资源。在企业的发展过程中，高效的人力资源管理是关键，因为尽管现代化程度不断提升，但大多数企业的生产和管理任务依然需要人来完成。企业可以通过人力资源管理提升员工的专业能力，并通过培训、文化宣传等方式强化员工的企业文化认同感和归属感，增强组织的凝聚力。这种管理方式除可以增强员工的个人能力外，还能提升企业的整体竞争力。

三、企业人力资源管理的目标

企业人力资源管理的主要目的是协调和优化企业发展目标与员工个人目标之间的关系，确保二者的协同发展。这种管理不仅着眼于企业的整体发展战略，还关注员工的个人成长和发展。

（一）企业人力资源管理的核心目标

企业人力资源管理的核心目标是支持和推进企业的战略发展，这涉及人力资源管理在帮助企业评估战略方向、制定企业战略规划等方面的积极作用。

人力资源部门可以利用平衡计分卡等方法将组织的战略目标转换为具体的人力资源目标，以此确保实现关键的流程指标和客户满意度，促成企业财务目标的实现。人力资源规划也是企业战略规划的一个重要组成部分，它涉及人才的数量、质量和结构的规划，以确保企业战略的顺利实施。人力资源部门还需根据员工的能力和潜力设计合适的职业发展路径和培养计划，将员工的职业生涯规划与企业战略目标相结合，以增强企业的活力，在帮助员工实现个人价值的同时促进企业战略目标的实现。同时，人力资源管理通过明确的职责界定和绩效考核，来确保战略目标在各个阶段的顺利完成。

（二）企业人力资源管理的具体目标

企业人力资源管理的目标是多元化的，涵盖经济、社会和个人目标、技术和价值等方面。

在经济目标方面，人力资源管理致力于优化人力和物力资源的配置，通过将人力资源与物力资源有效结合，最大化其综合效益。

在社会和个人目标方面，人力资源管理重点在于培养和提升员工的技能和素质，形成创新能力强的团队，以提升企业的整体实力。人力资源管理还着眼于促进员工价值的实现，推动企业价值的提升，最终促进社会和经济的发展。

在技术目标方面，人力资源管理应随着时代的进步，不断吸收和应用新技术和新方法，提高人力资源管理的整体水平。

在价值目标方面，人力资源管理重点在于通过有效的开发和管理，建立一个精干而高效的员工团队，旨在最短的时间内、以最低的成本创造出最大的价值，实现企业的高效运营和发展。

四、企业人力资源管理的职能

在现代企业中，人力资源管理的具体职能涵盖了七个关键领域：人力资源规划、工作分析与设计、招聘与选拔、培训与开发、薪酬与福利、绩效管理以及劳动关系与员工安全。

（一）人力资源规划

人力资源规划是企业根据自身战略目标及外界环境的变化，来预测和分析企业对人力资源的需求所做出的规划。人力资源规划在人力资源管理中起着引领和战略性作用，而且在组织的整体规划实施中占据核心位置。合理的人力资源规划能够帮助企业适时获得所需的人才资源。

（二）工作分析与设计

工作分析与设计聚焦于通过收集岗位的具体信息，来明确每个岗位的责任和任务。这一过程旨在通过精准的工作描述来规范员工的行为，最大限度地发挥每个岗位的效能，提升企业整体产出和竞争力。

（三）招聘与选拔

招聘与选拔是企业获取人才的关键环节。企业通过各种招聘方式来寻找合适的员工，以实现快速、低成本地补充人才库。例如，一些企业通过内部员工推荐的方式来招聘新员工，既节约了成本，又能够高效地匹配企业对人才的需求。

（四）培训与开发

企业对员工的发展进行有效规划和培养是人力资源开发的关键环节，这一过程主要包括岗前培训和在职培训两部分。岗前培训主要针对新加入的员工，旨在提供基础的职业教育，以确保他们具备必要的职业素养。在职培训则是根据员工在岗位上的表现，持续提升其工作能力。有效的培训能够提高员工的工作效率，还能培育出企业所需的稀缺人才，助力企业长期发展。

人力资源的开发还涵盖了职业生涯规划的内容，即企业通过职业生涯规划帮助员工明确自身的发展目标，并制定实现这些目标的具体措施。在这一过程中，员工个人的职业发展目标和组织的需求可以通过精心规划都得到满足，以实现组织和员工共赢的局面。

（五）薪酬与福利

薪酬与福利管理在企业人力资源管理中扮演着关键角色，它主要包括员工所获得的工资和奖金等货币性报酬。有效的薪酬与福利体系能够反映员工对企业目标实现的贡献，帮助企业吸引和留住人才。在市场竞争日益加剧的情况下，企业要想获得竞争优势，就要拥有优秀的人才队伍，而这正是合理薪酬与福利体系的作用所在。员工的工作动力受到其情感、情绪和态度的深刻影响。由于员工的需求是多元化和多层次的，他们既需要受到物质奖励的激励，也需要被社会因素和精神因素所激发。对此，企业应根据员工的具体情况采取多样化的激励策略，确保员工的合理需求得到满足，有效激发员工的积极性，进而提升整个企业的业绩。

（六）绩效管理

绩效管理，即业绩考核，是一种系统化的方法，用于评价和量化员工在职责上的表现及成果。这一过程涉及在工作一定周期结束时，依据岗位工作职责或绩效标准，用科学方法来评估员工的职责履行情况及其个人发展。绩效管理是对员工工作成果的评价，更是一个将评估结果反馈给员工的过程。有效的绩效管理系统可以揭示员工绩效的不足之处，为其提供改进方案，以提高其工作技能。对于表现出色的员工，企业可以通过升职、加薪等激励手段提升其满足感和成就感，激发其更大的工作热情和创造力。这些做法有助于提高员工的工作绩效，增强企业的市场竞争力。

（七）劳动关系与员工安全

劳动关系与员工安全管理涉及劳动法规、合同等事宜的处理，而在跨国企业中，还需要考虑跨文化管理问题。注重员工安全和健康的企业可以为员工提供安全的工作环境和良好的健康保障，使员工能够更高效地工作，为企业带来长期的收益。

五、企业人力资源管理的基本功能

企业人力资源管理拥有四大独立且重要的功能：吸纳、开发、激励和维持（见图 4-1）。吸纳功能主要是吸引并引入杰出人才至企业；开发功能则聚焦于培养员工，确保他们具备满足当前和未来职位要求的技能；激励功能关注于激发员工在各自岗位上实现卓越表现；维持功能着重于保持现有员工继续在企业工作。

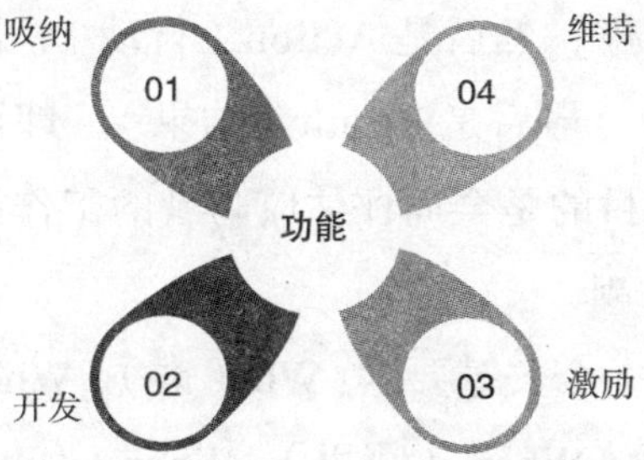

图 4-1　企业人力资源管理的功能

上述四大功能之间相互依存、互为补充。首先，吸纳功能是基础，它的重要性在于为企业引进合适的人才。没有这一步，其他功能便无从谈起。其次，开发功能扮演着手段的角色。对员工技能的持续培养，使员工能够在更好的条件下施展才华，否则员工可能会因技能不足而难以发挥最佳表现。再次，激励功能则是这些管理活动的核心所在，其目的在于激发员工的工作热情和创造力。若无法实现这一点，其他功能的意义便大打折扣。最后，维持功能是这一系列活动的保障，确保企业能够持续留住人才，使开发和激励的成果得以长期体现。

在企业实际运作中，这四个功能常被简化为“选”“育”“用”“留”四个词。其中，“选”对应于吸纳功能，即选择合适的人才加入企业；“育”对应开发功能，旨在培养和提升员工能力；“用”对应激励功能，即充分利用人力资源为企业创造价值；“留”则与维持功能相对应，即通过各种策略保留企业中的优秀人才。

六、企业人力资源管理的基本原则

（一）STAR 原则

STAR 原则是面试中一个重要的谈话流程，用以评估应聘者的工作经验和技能。该原则包括四个关键要素：首先是 Situation（情境），即了解应聘者过去的工作背景；接着是 Task（任务），即对应聘者具体的工作任务进行深入了解；然后是 Action（行动），即探究应聘者在工作中所采取的具体行动；最后是 Result（结果），即评估这些行动所带来的成果。这个原则的目的是全面评估应聘者的工作能力和成就。

（二）6W1H 原则

6W1H 原则包括七个关键要素：Who（谁）、Whom（为谁）、Why（为什么）、What（什么）、Where（哪里）、When（何时）和 How（如何）。这个原则主要用于确保工作职责的明确和清晰，帮助员工对自己的工作有更深入的了解，提高他们的责任感和执行力。

（三）SMART 原则

SMART 原则是目标管理中的一个重要工具，它包括五个关键要素：Specific（具体的），即确保绩效考核目标具体明确；Measurable（可度量的），即确保绩效指标可以量化或行为化，并且相关数据或信息可获得；Attainable（可实现的），即设定的绩效指标应在员工努力下可达成，避免设立过高或过低的目标；Realistic（现实性的），即确保绩效指标实际可行，能够被证实和观察到；Time-bound（有时限的），即强调完成绩效目标的特定时间期限。SMART 原则有助于提高员工的工作效率，为绩效考核制定科学、规范的目标和标准，确保考核的公正、公平，同时提升整体的绩效能力。

（四）PDCA 原则

PDCA 原则是一种常用的有效管理方法，它包括四个阶段：计划（Plan）、实施（Do）、检查（Check）和调整（Adjustment）。该原则旨在促进管理工作的良性循环。

（五）MKASH 原则

MKASH 原则更侧重于职业化人才的各个方面，包括五个核心元素：动机（Motivation）、知识（Knowledge）、行动（Action）、技能（Skill）和习惯（Habit）。在这个原则下，动机被视为成功的关键推动力。人才应保持积极的心态，面对挑战，并不断激励自己超越极限。知识是专业化工作的基础。人才不仅要掌握专业知识，还需要具备相关的其他知识来构建完整的知识体系。行动强调人才要具备迅速行动的能力和强劲的执行力。技能是开展工作的必要手段，应当被视为与知识同等重要的要素。良好的工作习惯有助于更有效地实现目标。整体而言，MKASH 原则指导人们通过这些关键要素的发展，提升其职业化水平。

第二节　企业人力资源管理信息化的基本理论

一、企业人力资源管理信息化的内涵

人力资源管理信息化是一个涵盖广泛且具有创新意义的概念。简而言之，这一概念涉及将人力资源管理活动数字化，通过使用现代信息技术和资源，在人力资源管理中实现科学化和现代化的目标。人力资源管理信息化是国家经济和社会信息化进程的重要组成部分，其核心在于数字化人力资源信息和管理过程，通过信息系统的处理和网络的传输，促进人力资源的高效配置和开发，以及信息的社会共享。

企业人力资源管理信息化涵盖了多个层面。

第一，它不单是简单的电子化人力资源管理，而是融合了互联网、电子商务以及人力资源业务流程优化的新型管理模式。这一模式包括多个要素：从管理人员到计算机网络硬件、系统平台、数据库平台、应用软件等。它还包括各种信息技术和手段的综合应用，例如呼叫中心和考勤机等终端设备。核心的人力资源管理业务功能，如招聘、薪酬管理、培训、在线学习和绩效管理，都在这个信息化框架内得到体现。企业人力资源管理信息化除服务于高层管理人员外，还涉及普通员工、经理等，他们通过与人力资源管理系统的基础平台进行交互，实现有效的管理和操作。企业人力资源管理的现代化进程与信息化的发展紧密相连，信息化的实施又反过来促进企业人力资源管理的效率和质量的提升。

第二，企业人力资源管理信息化包含数据电子化、流程电子化。数据电子化是将人力资源信息数字化并储存在计算机数据库中的过程；这种数字化使信息能够被随时查询，并存储以电子形式，提高了数据的访问性和可操作性。流程电子化涉及将标准化的工作流程固化为软件程序，目的是让涉及岗位员工的工作更加规范和高效；这种流程电子化减少了人为干预和管理的主观性，提高了整体的管理效率。

第三，企业人力资源管理信息化是一种全新的管理模式，它标志着信息技术与企业人力资源管理的有效融合。在信息化时代，这种融合是管理发展的一个重要趋势。随着市场竞争的加剧，信息和时间成为关键的竞争资源。为了生存和发展，提升市场竞争力，企业需要采用现代化的管理手段，利用计算机技术实现全方位的人力资源管理。这种信息化管理模式集成了互联网等先进信息技术与人力资源管理的最新理念，通过技术和创新思维的相互补充，共同推动人力资源管理的数字化发展。

第四，企业人力资源管理信息化的建设可视为一场革命，它是推动企业人力资源工作创新和升级的关键。信息化不是短期的项目，而是一个长期发展过程，涉及企业人力资源管理领域的深层次变革。企业需要不断采纳现代信息技术，以提高人力资源管理和决策的效率与水平，提升人力资源管理的现代化程度，并进一步增强社会及经济效益。

在信息技术日新月异的当下，企业人力资源管理信息化面临着新的机遇和挑战。构建高效、协调、规范的人力资源管理体系，执行信息化发展战略，对于企业来说至关重要。

二、企业人力资源管理信息化的目标

企业人力资源管理信息化不是简单的技术创新，需要企业做好总体规划，明确工作目标。企业应从高层战略角度出发，结合信息时代人力资源管理的趋势和特点，遵循基本规律，制定全面的人力资源管理信息化目标和发展原则，实现统一的规划和标准。企业人力资源管理信息化的核心目标是在管理部门的统筹下，广泛应用现代信息技术，强化人力资源信息的合理配置和科学管理，通过实现人力资源管理的数字化、标准化、系统化和网络化，满足企业对人力资源管理的信息化需求，提升人力资源管理的整体水平。与此同时，高效的人力资源管理信息化有助于推动企业战略目标的实现。

三、企业人力资源管理信息化的技术实现

现代信息技术以计算机技术和通信技术为主体，专注于各类信息的收集、存储、处理、检索、传递、分析和展示，是实现企业人力资源管理信息化的关键途径。科学化、数字化、网络化是这一转型的核心路径。具体而言，这一转型需要做好以下几点。

（1）信息技术化：在企业人力资源管理的各项业务流程中，广泛应用信息技术，提升管理过程的技术水平。

（2）构建分层管理体系：构建自上而下的有序人力资源管理体系，将现代信息技术作为主要管理手段和工具。

（3）构建基础框架：建立企业内部办公业务网络、基于互联网的人力资源公众信息网络以及数字化人力资源信息库。

（4）推进网络应用：建设一个标准化、功能完善、安全可靠的人力资源信息网络平台，包括各主要部门的业务网络系统和综合性、战略性的人力资源信息库。

（5）做好信息安全保障：确保网络和信息安全，持续提升人力资源管理信息化建设和应用的整体水平。

企业在人力资源管理信息化建设过程中，需要注意标准规范的建设。企业可制定电子文件归档、电子档案管理、信息公开、信息安全及网站建设与管理等规章制度，确保人力资源信息的标识、描述、存储、查询、交换、管理和利用过程的标准化。标准化能够提升信息查询、转换等操作的效率，降低企业成本，确保信息安全。

四、企业人力资源管理信息化的价值

人力资源管理信息化能够为企业提供多方面的价值，如图 4-2 所示。

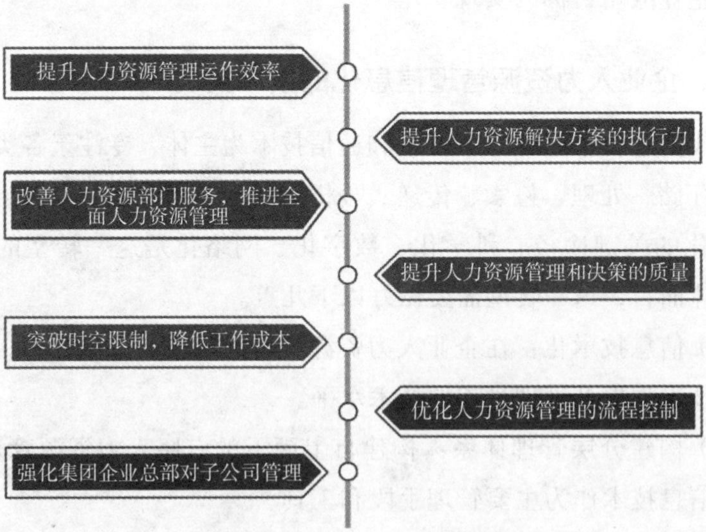

图 4-2　人力资源管理信息化的价值

（一）提升人力资源管理运作效率

人力资源管理信息化能够提升人力资源管理运作效率，这主要表现在人力节约、业务办理速度的加快、错误率的减少、决策速度与质量的提高等方面。人力资源管理涉及大量文档处理和数据统计，其中许多工作可通过标准化的数据格式和自动化工具来高效处理。人力资源管理信息化体系中的功能模块可显著提升这些任务的处理效率和数据准确度。借助人力资源管理信息化体系，管理人员能从日常繁杂的信息处理工作中解放出来，将更多时间用于思考组织和员工需求。在此情境下，人力资源部门有望从传统的“成本中心”转型为“价值创造者”。

（二）提升人力资源解决方案的执行力

信息化使人力资源管理流程得以标准化和自动化，从而大幅提升了执行力。在传统的人力资源管理中，许多工作如员工信息管理、薪酬计算、绩效评估等需要大量人工操作，易出错且效率低下。信息化管理体系则通过自动化处理这些工作，减少了人为错误，提高了工作效率。例如，通过自动化系统，员工的出勤、请假、加班等数据可以实时更新和统计，大大减轻了人力资源部门的工作负担，也提高了数据处理的准确性和及时性。系统化的流程还带来了更高的透明度和公正性，有助于提高员工的满意度和忠诚度。

信息化促进了人力资源管理的国际化和全球协同。对于跨国企业而言，它通过统一的信息化平台，可以实现跨国的人力资源管理和数据共享，这一方面提高了管理效率，另一方面有助于跨国团队的协作和文化融合。例如，不同国家和地区的员工可以通过统一的平台进行在线培训和交流，这既能加深员工对企业文化的理解和认同，也为企业挖掘全球人才提供了便利。

（三）改善人力资源部门服务，推进全面人力资源管理

人力资源管理并非人力资源部门的专属职责，而是涉及组织中的每个成员。许多企业已经开始实施全员参与的人力资源管理模式，以提升

管理效率和决策质量。但是，要实现这一模式，企业需要明确员工参与的方式、时间和渠道，单纯的口头宣传无法将这一理念转化为实际行动。借助基于互联网的人力资源管理信息化体系，企业能够突破系统用户数量的限制，并根据用户角色划分不同的权限级别，如将非人力资源部门的成员划分为高层管理者、直线经理和普通员工等。此类系统可允许所有员工访问，从而拓宽人力资源管理的范围，提升服务的质量和覆盖面。通过确保所有员工的积极参与，企业能够将全员人力资源管理的理念转化为具体实践，促进人力资源管理工作的创新和全面提升。这种参与性人力资源管理能够增加员工的投入和满意度，有效地推动人力资源管理工作的整体效率和质量。

（四）提高人力资源管理和决策的质量

企业在实施人力资源管理信息化后，人力资源规划和控制管理变得更加精确和定量化。信息化体系的建设要求企业制定适用于员工绩效考核、薪酬及福利管理的详细指标。人力资源管理信息化体系提供的数据支持管理者基于实际数据进行决策，而非仅依赖个人经验和直觉，这既减少了操作人员的手工劳动负担，也降低了人为错误的可能性，提高了工作效率和准确性。同时，信息化体系通过整合和集中管理人力资源业务数据，提升了人力资源管理部门和企业高层获取信息的效率和质量，为决策层提供了基于信息的分析和支持，有效避免了由于信息不全、数据不准确或时效性差带来的决策风险。例如，在分析员工流动率时，采用传统手工方法需要花费大量时间考察不同部门员工的教育背景和任职时长等因素，而企业借助人力资源管理信息化体系，可以迅速获取相关数据，快速识别和排序影响员工流动率的关键因素。

（五）突破时空限制，降低工作成本

第一，人力资源管理信息化使数据和信息的处理自动化、数字化，有效减少了传统人力资源管理中所需的纸质文档和手工操作，这种自动化处理加快了数据处理的速度，也提高了数据处理的准确性。例如，员

工的考勤记录、薪酬计算等可以通过系统自动完成，减少了人为错误和工作重复。这种效率的提升直接降低了人力资源部门的工作强度，减少了对人力的依赖，进而降低了企业的人力成本。

第二，人力资源管理信息化支持远程办公和灵活工作安排，突破了传统办公模式的时间和空间限制。例如，远程培训系统可以让分布在不同地区的员工同时参加培训，减少了因地理位置带来的限制和相关的培训成本。而通过人力资源管理信息化体系，企业能够实现全球范围内的人才管理、跟踪和评估，提升了企业对分散人力资源的管理能力。

第三，人力资源管理信息化通过优化业务流程，降低了整体运营成本。信息化体系的引入使人力资源管理流程更加标准化和系统化，减少了不必要的步骤和重复工作。人力资源管理信息化体系可以收集和分析大量的人力资源数据，从而帮助企业更准确地预测人力资源需求，优化人员配置，降低额外成本。例如，通过数据分析，企业可以更准确地预测招聘需求，避免过度招聘或人才短缺的情况，降低招聘成本。

（六）优化人力资源管理的流程控制

在传统的人力资源管理中，各项活动如招聘、培训、绩效评估等往往依赖手工操作和个体经验，易受主观因素影响，且流程复杂、效率低下。而在信息化管理下，这些活动通过统一的平台进行，流程得以标准化。例如，招聘流程可以通过系统自动收集简历、筛选候选人，减少了人为干预，提高了效率和公平性。而在绩效评估中，通过系统对数据的统一收集和分析，企业能够更好地掌握员工的绩效情况，从而更好地安排员工的培养和晋升。

（七）强化集团企业对分支机构管理

在大型集团企业中，人力资源管理面临的挑战主要集中在以下几个方面。信息化主要解决的也就是这些问题。

（1）全集团人员动态管理的难题。集团企业需要建立一个集中且共享的数据库系统，以便对所有分支机构的员工进行动态管理。这样的系统可以帮助企业实时掌握员工的基本情况，为全集团范围内的人力资源合理配置提供数据支持。

（2）加强透明化管理的需求。对分支机构的人力资源信息如何实现透明化管理是一大挑战。集团难以实时监控各分支机构的人员状况、层次、分布及发展情况，这使其难以及时准确地做出决策。

（3）提供个性化管理流程的平台。在统一管理的同时，集团还需要为各个分支机构提供可以个性化设置的人力资源管理平台，以迅速高效地满足一线业务的人力资源需求。

（4）加强协同工作以提高效率。通过共享人力资源信息和业务资源，强化人力资源协作，集团企业可以有效降低运作成本并提升整体工作效率。

（5）控制人员编制和成本。集团在对人力资源管理流程的监控上存在弱点，如组织结构、招聘、劳动关系、员工培训、职务管理、绩效考核、人事变动、薪酬福利等方面的信息难以有效累积和监控，导致难以形成有效的人力资源规范和规划。而薪资、福利、保险等日常信息的查询和咨询也消耗了大量的人力成本。采用信息化体系可以实现对此的控制。

（6）实施绩效目标。集团需要通过信息化体系将绩效目标分解和落实，形成具体的团队和个人绩效计划，并确保目标清晰且可执行。

（7）全员参与的管理转变。集团人力资源管理要向更现代的人力资源管理转变，涉及管理理念、制度、方式及工作内容的改变，强调全员参与和管理能力的转移。

（8）提供决策支持信息。信息化体系需要快速有效地完成集团决策所需的人力资源报表和分析报告等，提供必要的决策支持信息。

（9）业务系统集成问题。集团人力资源管理信息化需要解决人力资源管理系统与其他业务系统的集成问题，确保信息的流通和共享。

上述问题在缺乏信息化工具的情况下难以解决，而人力资源管理信息化的引入，则可以有效解决这些问题，提高管理效率和准确性。

第三节　企业实施人力资源管理信息化的策略

一、设计人力资源管理信息系统

企业实施人力资源管理信息化，一般会采用人力资源管理信息系统。

（一）系统设计原则

1.技术先进性与业务前瞻性原则

人力资源管理信息系统的开发与实施，需要依托于先进的管理理念和尖端的软件开发技术。此外，系统设计应考虑企业当前的业务需求及未来可能的发展方向，确保系统具备良好的可扩展性，能够适应管理方式和流程的未来变化。

2.稳定性原则

系统的稳定性是企业人力资源管理信息系统不可忽视的要素。能够实现 7×24 小时无故障运行，是系统稳定性的重要指标。

3.可扩展性原则

企业人力资源管理信息化系统既要与现有业务系统无缝对接，还要预留空间和接口，以适应企业将来的个性化需求和可能的系统升级。

4.安全性原则

系统应实行高级的鉴权管理，如采用手机短信随机验证码等验证方式确保登陆安全。系统要能够对用户的访问权限进行细致的分级，并确保每位用户根据其授权范围进行操作。系统对所有操作应实时记录，以便日后审计和检查。

5.易用性原则

系统界面设计应友好且直观，操作流程简便，且符合企业日常工作的习惯。系统还应提供详细的操作指南，以指导用户进行具体操作。系统应为用户提供自定义工作界面的功能，以提高用户的工作体验和工作效率。

6.高效性原则

信息系统的运行效率要高，响应速度要快，确保在长时间运行或处理大量数据时不会出现卡顿或宕机情况。系统设计应预防可能导致运行速度下降的问题，确保稳定快速的性能。数据库中的信息需要实现高效共享，各个模块间的数据应能根据权限灵活调用，以保证整个系统的高效运作。

（二）关键模块设计

1.组织机构管理模块

系统的组织机构管理模块功能强大，可灵活适应企业的变化需求。它能够进行组织机构的调整和管理，包括自定义查询、新增机构、修改机构和删除机构等操作。该模块还包括岗位管理，支持对岗位的查询、新增、修改和删除，以及岗位数量和分类的调整等功能。

具体来说，组织机构管理模块主要满足以下要求。

（1）它能够支持组织机构的自定义功能，提供灵活的设置和调整选项。

（2）它配备有操作日志功能，能够记录组织机构变更信息，实现操作信息的追溯。

（3）机构设置可被引用，可跨组织复制，并可对新增、引用结果进行修改，以及对引用进行撤销。

（4）它支持虚拟组织的设置和调整，例如各类特定小组或委员会，其中的人员、工作角色和工作权限都可根据需要进行调整和设定。

企业的岗位管理模块具备高效的查询和统计功能。其具体功能要求如下。

（1）岗位设置的灵活性。岗位可以根据需要设置和调整。系统提供引用其他岗位设置的能力。

（2）岗位信息的可编辑性。岗位信息可以编辑，并生成详细的岗位说明书。

（3）岗位和职务的自定义。职务及职务群、岗位及岗位序列、岗位和职务体系都可以根据企业需求进行设置和调整。

（4）岗位变更记录。系统支持记录和查询员工岗位变更情况，提供量化的统计数据，辅助企业决策和调整。

（5）岗位任职人员的统计分析。系统能够进行员工的量化分析，包括性别、年龄、学历、专业和业务领域等方面。

2.人员信息管理模块

企业人员信息管理模块的核心功能在于对员工信息的集中采集、持续维护和深入分析。

（1）人员信息采集功能。该功能需满足以下关键要求。

①人员控制参数设置。支持企业设定特定的人员管理参数。

②员工编码生成。自动生成员工唯一识别编码，并支持数据的导入功能。

③信息校验机制。确保员工信息的独一无二，例如对员工身份进行唯一性检验。

④灵活的信息查询统计。提供自定义查询条件的设置，支持多条件组合查询。

（2）人员信息维护功能。针对每位员工的信息管理，该功能满足以下要求。

①分权管理。根据操作人员的管理权限，实现对员工信息的分级访问。

②事项提醒。提供可自定义的重要事项提醒功能，例如员工生日等关键时间节点的提醒。

③灵活的信息查询统计。提供多样化的查询方式，例如按工号、姓

名或入职时间等条件进行模糊查询。

④批量权限分配。便捷地为员工设置或删除权限。

（3）人员信息分析功能。该功能具备以下分析能力。

①全面的查询统计。在授权范围内，对员工基本信息和员工清单进行详细查询。

②自定义的查询统计。支持多样化的组合查询。

③查询结果的导出功能。允许用户根据需要自定义导出内容，以便于进行进一步的数据分析和报告制作。

3. 薪酬管理模块

企业人力资源管理信息化平台中的薪酬管理模块主要负责全面监督和管理企业的人工成本预算。通过该模块，企业能够针对不同部门或子企业设置和调整薪酬模型，也能为各个具体岗位设计适当的薪酬结构。该模块支持根据绩效考核结果调整薪酬，确保薪酬信息在企业员工薪酬信息平台上的实时更新和同步。薪酬管理模块分为薪酬管控、各单位的薪酬处理和集成应用，如图 4-3 所示。

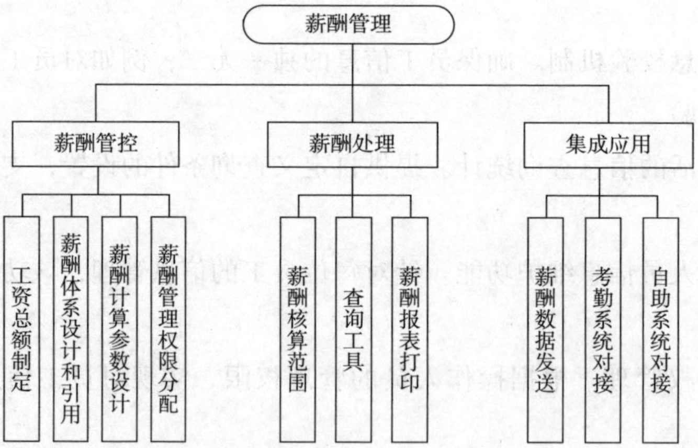

图 4-3　薪酬管理业务功能模块图

薪酬管控功能主要涉及四个方面。①它能够管理和控制企业的工资总额，允许总公司和分公司制定工资总额预算。②该模块允许灵活设计和调整薪酬模型，以及跨部门、跨单位的共享薪酬体系。③薪酬模型的计算参数是可自定义的，提供了对薪酬计算方式的灵活调整。④该模块支持严格的权限分配和安全验证，确保只有授权用户能够访问和操作薪酬信息。

薪酬处理功能主要涉及三个方面。①它可以定义核算范围并自动核算工资，同时对差错进行预警。②该模块支持自定义查询，能够检索员工薪酬、岗位和基本信息。③它能生成各种统计报表，并支持在线打印。

集成应用功能主要涉及以下三个方面。①该系统已经与财务平台集成，可以直接将薪酬数据推送到企业财务系统。②系统能够与考勤系统集成，根据员工考勤自动计算薪酬。③员工自助模块与相关数据平台集成，使员工能够实时在线查询个人薪酬明细、家庭和工作基本信息等。

4. 培训管理模块

培训管理模块旨在通过信息化手段优化企业内部的培训流程和质量。这一模块应具备以下关键功能。

（1）培训体系和项目的定制化设计。该模块能够根据企业的具体需求和特点，设计和安排定制化的培训项目。培训内容应能够精准地满足员工的实际需求和企业的战略目标。

（2）培训信息的集中管理和评估。培训管理人员可以通过该模块高效地整理和分析培训数据，并对培训效果进行在线评估，以实现培训的全面管理。

（3）统一培训规划与跨部门协同。该模块支持跨部门、分公司或分支机构共同参与的统一培训规划编制。此外，该模块能监控培训计划的实施情况，确保培训与企业的实际生产和经营紧密相连，减少资源浪费。

（4）培训申请和审批流程。该模块能够处理培训相关的申请和审批流程，保证培训工作的有序进行。

（5）全面的培训数据管理和查询。该模块提供全面的培训数据管理，包括培训内容、时间、地点、时长、考勤情况、培训师资、结业成绩等信息的集中存储和查询功能，以便于企业全面掌握和评估培训工作的效果。

培训管理业务功能模块图如图 4-4 所示。

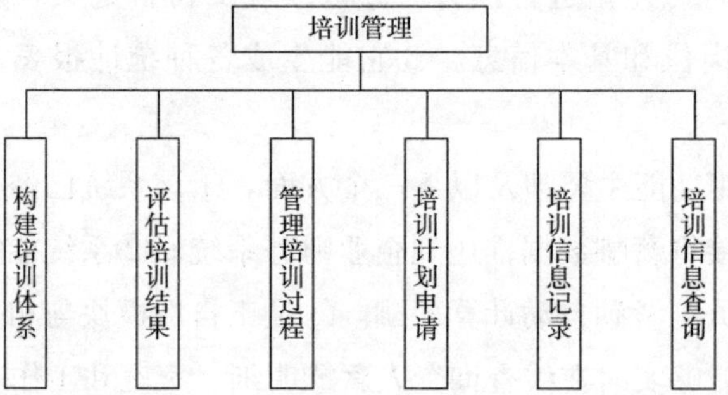

图 4-4　培训管理业务功能模块图

5. 绩效管理模块

绩效管理模块在人力资源管理信息系统中占据核心地位，旨在通过一系列精密设计的功能模块，全面提升企业的工作效率和管理水平。该模块涵盖了从设计组织和个人绩效考核到跟踪辅导、监控每个考评环节，以及反馈绩效考核结果的全过程，同时，它能进行员工历史绩效的对比分析，以支持进一步优化绩效管理策略。该模块的具体功能如下。

（1）组织与个人绩效管理。该模块支持部门、分公司、分支机构等单位的绩效管理，以及个体员工绩效的综合评估。它允许对绩效目标进行管理，并对绩效考核结果进行详细记录。

（2）绩效考核模式的定制与多样性。该模块提供多种绩效考评模式，支持根据企业具体情况自定义考核形式和指标。

（3）自动化考核与评分系统。绩效管理模块能够实现线上自动化的绩效计算和评分，自动汇总考评结果，并支持线上审批流程。

（4）考核流程的可视化与实时监控。该模块提供考核进度的可视化展示，允许用户实时监控和跟踪考核过程，并支持自定义条件的统计分析功能。

（5）灵活的设置和调整功能。该模块支持用户根据需求设置考核计算公式，允许在审核前修改填报信息，并在审核后在线公示考核结果。

绩效管理业务功能模块图如图 4-5 所示。

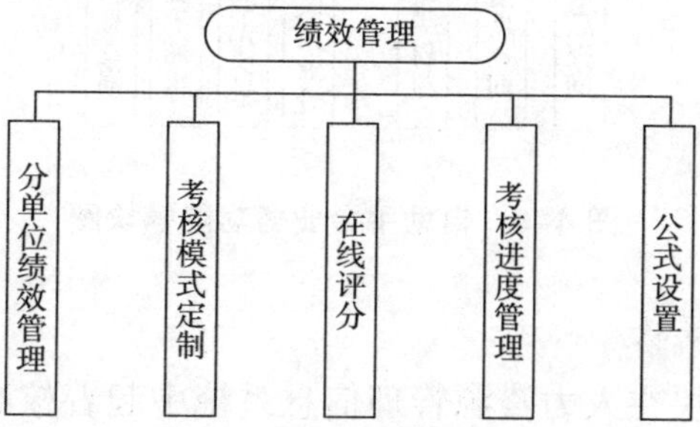

图 4-5　绩效管理业务功能模块图

6. 自助平台模块

该模块分为员工自助和经理自助两部分，旨在提供一个便捷、高效的管理参与方式。

（1）员工自助。该部分专为员工设计，提供了多种便利功能：①支持员工查询个人相关信息，包括工资、社保、养老金、住房公积金、企业年金、绩效和个税等。②提供企业信息查询。员工可在线查阅企业公告、最新动态、竞聘公告、员工管理规定和手册。③支持员工在线处理各类申请和审批流程，如提交工作总结、公务用车申请和出差申请。

（2）经理自助。该部分赋予管理层更多的功能：①支持经理审核自己权限范围内的各类业务。②支持经理查询员工的基本情况和职业生涯信息，例如员工基本信息、绩效考核和薪酬发放情况。③支持经理收集部门员工需求。④提供企业信息查询功能，以便经理及时获取企业的最新动态。

企业自助平台业务功能模块图如图 4-6 所示。

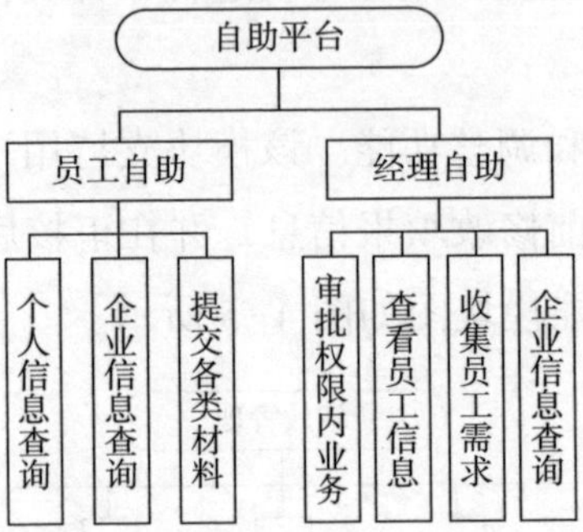

图 4-6　自助平台业务功能模块图

7. 决策分析模块

决策分析模块在人力资源管理信息系统中起着核心作用，其主要目的是为企业的最高决策层提供必要的信息支持，以确保其在人力资源和经营管理等关键领域做出高效且质量优良的决策。该模块的具体功能如下。

（1）实时查询与统计功能。使决策者能够实时获取和汇总企业人力资源相关的各种关键数据指标。

（2）核心指标自定义。支持用户根据企业的具体需求设置和调整核心指标，以便聚焦于企业最关心的数据。

（3）图形化数据展示。提供直观的图形界面，使复杂数据更易于理解和分析。

（4）预警机制。设立关键业务指标的预警机制，如成本超额提醒、违规用工等，以便于及时发现潜在问题并采取措施。

（5）统计分析模板。提供标准化的统计分析模板，支持进行年度同比和季度环比等分析，以帮助评估企业运营效果。

（6）可扩展性与自定义。支持用户根据企业特定需求自定义统计分析项目。

决策分析业务功能模块图如图 4-7 所示。

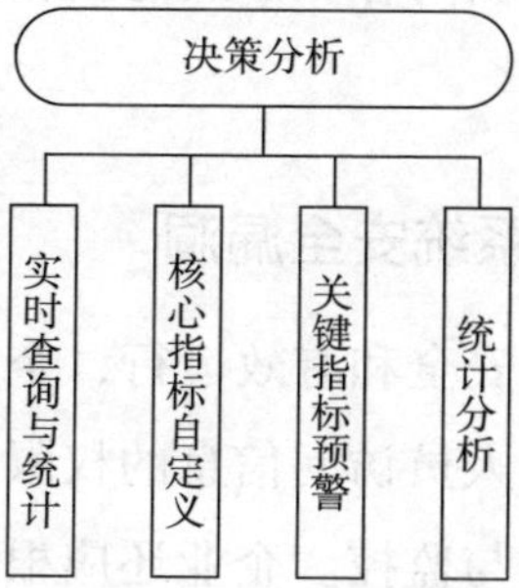

图 4-7　决策分析业务功能模块图

二、组建高素质专业管理队伍

在“互联网 +”时代，企业面临着人力资源管理信息化的新挑战。对此，企业需要高度重视人力资源管理工作者的素质培养，建设高效的人力资源管理信息系统，以提升团队整体实力。企业应建立坚实的组织支撑，成立专门的领导小组和项目团队，确保专职人才的有效供给，以支持人力资源管理信息化的顶层设计。

人力资源管理团队的构建应侧重于招聘和培训管理的完善。在招聘过程中，企业需要将“信息化作业能力”纳入评估标准，确保新招聘人员既具备专业技能又具备信息化操作能力。招聘计划应细致且全面，对应岗位需求制定精确的人才选择标准，运用笔试、实操考核、多轮面试和轮岗实习等多种手段，确保新招聘人员能力与岗位需求相匹配。在培训管理方面，企业应不断调整培训内容，增强考核的严格性。在实际操作中，企业应打造“德育 + 智育”的综合培养体系，通过长效人才培养机制综合提升员工的专业素养、沟通能力、信息化操作能力、学习能力及职业理念。企业可采用线上线下相结合的培训方式，以及老员工带新员工、互助合作等方法，来提升培训的效果。企业还需开发智能化培训系统，将其整合进人力资源管理共享服务平台，实现常规培训与远程培训的有效连接，并根据培训内容和方式建立相应的考核体系，以确保培训的质量和效果。

三、定期查找修补系统安全漏洞

为了确保信息系统的安全和有效运行，企业需建立一个细致的系统使用规范，明确规定各级人员访问信息的权限限制，并指派专业的管理团队负责信息系统的维护与监控。企业还应根据自身特点，制定一套全面的信息安全管理策略。信息系统的定期维护和校准也是必要的，以保证各相关人员能够依赖这一系统高效、准确地完成日常工作。企业应设置自动风险预警系统，对潜在的网络攻击进行实时监控并在系统受到威胁时立即发出警报，这是减少数据泄露风险的关键措施。

四、采取切实有效的保障措施

人力资源管理信息化是一个逐步深化的过程，随着企业的发展和员工对信息技术的理解增强，信息化的步伐将会加速。在这个发展过程中，企业需要一方面向在信息化领域取得成功的其他组织学习，另一方面，企业需要从自身的实践中总结经验教训，深化对信息化的理解。

为了推动人力资源管理信息化的有效实施，高层领导必须重视这一工作，将其视为提升管理质量、提高经济效益、实现管理现代化及建立现代企业制度的关键。

同时，在信息化建设中，各部门间应该实现信息共享，加强协作，以防止资源的重复投入和浪费，共同推进组织信息化的全面发展。

为确保人力资源管理信息化的有效实施，企业应指定专门负责人来策划和执行与信息技术应用相关的方案，确保实施这些方案所需的措施、条件和环境得到有效建立和维护。领导层需全力推动计算机和网络技术的广泛应用，并关注科学程序文件的建立，以确保技术的有效运用。组织内各部门应根据信息化的总体规划要求，制定具体的信息化建设实施方案，确保信息化工作的落实，并在信息化建设上同步推进。

第五章　现代企业战略管理及其信息化

第一节　企业战略管理概述

一、企业战略的概念

（一）企业战略的早期定义

美国企业史学家艾尔弗雷德·钱德勒（Alfred Chandler）在他的著作《战略与结构》中，将战略界定为企业确定长期基本目标的过程，涵盖了选择实现这些目标的行动路径和对资源进行有效分配。而另一位美国学者伊戈尔·安索夫（Igor Ansoff），在其1965年出版的《公司战略》一书中，提出了一个分析性和行动导向并重的企业战略定义。安索夫认为，企业战略是企业经营、产品和市场之间的核心纽带，这一纽带决定了企业当前的经营活动和未来规划的业务范围。他指出，这种共同经营的主线包括四个关键要素：一是产品和市场范围，即企业生产的产品种类和其竞争的市场区域；二是增长向量，指的是企业计划改变其产品和市场范围的方向；三是竞争优势，涉及那些使企业在竞争中占据优势地位的产品和市场特征；四是协同作用，即企业内部协作能够带来的效益。

综合上面的定义来看，战略一般包括四个组成部分：一是环境因素，这包括企业需要应对的外部条件，既包含对企业有利的机会，也包含对企业不利的威胁；二是使命和目标，其中使命是对企业存在原因的描述，目标则是企业具体的追求目标；三是情境分析，通常分析的是企业的优势、劣势和面临的机会、威胁；四是实现目标的计划，这个计划应与环境紧密结合。

这种战略定义隐含两个基本假设。第一个是分析优先于行动，意味着首先要设计目标，进行环境分析，然后才是明确计划和行动，这通常被称为“战略制定”。第二个假设是战略制定和执行的分工明确。战略制定者负责制定战略，他们通常是高层管理者、分析人员和计划人员；而战略执行者则负责实施，通常是中层及以下管理者，他们需要谨慎、忠诚地按规章办事。执行中的偏差由高层管理者监控和纠正。

20 世纪 80 年代，哈佛大学的迈克尔·波特（Michael Porter）教授基于产业经济学理论对竞争战略进行深入研究，并提出了许多有影响力的观点。在他引发广泛赞誉和批评的著作《竞争战略》中，波特将战略定义为公司所追求的一系列最终目标（目标）及达成这些目标的方法（政策）的结合。

上述定义的共同特点是它们都隐含着战略是一种“理性的分析模式”的假设，其更深层次的思想基础或可以追溯到西方占统治地位的“理性主义”哲学。

（二）战略 5P

加拿大管理学家明茨伯格（Mintzberg）提出了战略 5P。战略 5P 指的是计划（Plan）、计谋（Ploy）、模式（Pattern）、定位（Position）和观念（Perspective），具体解释如表 5-1 所示。

表 5-1 战略 5P

项目	含义
计划（Plan）	处理局势的行动指导方针
计谋（Ploy）	威胁和战胜竞争对手的具体手段

续 表

项 目	含 义
模式（Pattern）	企业资源分配的行为模式
定位（Position）	企业在环境中的位置
观念（Perspective）	企业成员所共享

1.战略是一种计划（Plan）

战略是企业在经营活动开始之前所制定的有意识、有目的的行动方案。这种看法认为，战略具有两个核心特征：第一，它是在企业的实际行动之前制定出来的，以便在需要时使用；第二，战略的制定是一个有意识和有目的的过程，不是偶然形成的。简而言之，战略从本质上讲是一种行动前的思考和规划。

2.战略是一种计谋（Ploy）

在特定的环境下，企业将战略作为威胁和战胜竞争对手的具体手段。这种威胁往往体现为企业向市场发出的各种信号，这些市场信号可能体现为实际行动，更多时候则作为对竞争对手的一种心理战术。例如，当一个企业得知其竞争对手打算扩大生产能力以占领更多市场时，该企业可能会宣布自己的战略是增加研发投入，推出更先进的产品以抢占市场。这种“信号”会让竞争对手意识到该企业财力雄厚、产品质量过硬，为避免激烈竞争，竞争对手可能会放弃扩大生产的计划。此战略行为，其实并没有实际实施，而是作为一种策略性的计谋，对竞争对手形成了心理上的压迫和威胁。

3.战略是一种模式（Pattern）

战略在企业中的角色可以被视为企业为达成其长期目标所采纳的关键决策和行动路径，并涉及对主要资源的分配。这一概念强调了战略是企业行为的一个集合体，强调了其行动的一致性。重要的是，这种一致性可能源自事先规划，也可能是非计划性的结果。换言之，企业的战略可能不完全是预先设计的，而是根据具体情况发展的结果。

从这个角度看，将战略视为一种预设计划与把它看作一种行为模式是两种不同的视角。如图 5-1 所示，在实际应用中，战略可能由于市场的不可预测性而未能完全实施，在这种情况下，原本设计的战略可能变成未实现的战略。战略也可以被看作行动的结果，这些行动可能并非源自预先的规划，而是随着情况的发展而形成的，这被称为“突发战略”，最终成为实现了的战略。“突发战略”通常是指那些未经预先规划、自然形成的战略。事实上，在企业实践中，许多战略属于这种“突发战略”的类别。

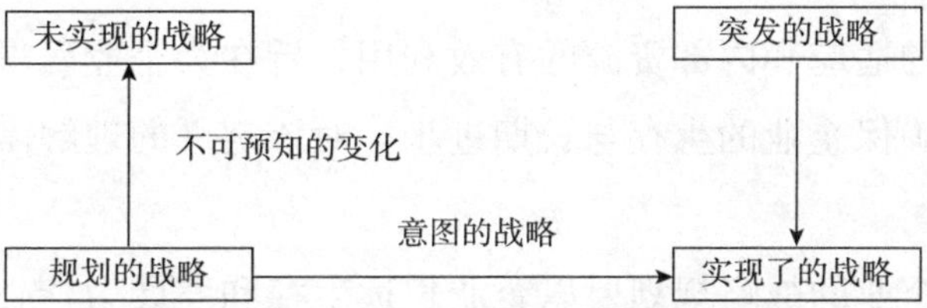

图 5-1　突发的战略和意图的战略

4. 战略是一种定位（Position）

战略是一个企业在自身环境中所处的位置或在市场中的位置。这种定位一方面涉及企业与外部环境的协调关系，另一方面暗含着多元竞争和超越竞争的理念。战略的这一方面体现了企业在市场中相对于一个或多个竞争对手的位置，同时可能涉及企业在市场中寻求独特地位以避免直接竞争。

5. 战略是一种观念（Perspective）

战略存在于企业领导者和员工的认识中，表现为企业文化、价值观和理想。这种观念性的定义的重点在于，战略反映了企业对外部世界的理解和对内部价值的共享。企业的战略取向可能展示为创新或保守，这取决于企业领导者的世界观。战略作为一种观念的实质是，它与价值观、文化等精神内容一样，是企业成员共有的思想内容，所以，深入研究一个企业的战略，需要理解企业的共同期望如何在其成员间分享及他们如何基于共识采取行动。

对战略的这些多元定义，有助于人们更全面地理解战略管理及其执行过程。虽然战略的定义多样，但每个企业的战略实际上是独一无二的，这些不同的定义仅是从多角度解读同一战略。重要的是，无论战略的定义如何多变，对于每个具体的企业而言，其战略始终是统一的，只不过是从不同视角进行阐述。

（三）本书对企业战略的定义

本书认为，企业战略是企业针对未来发展的全面规划，它基于对外部环境变化的适应和内部资源的有效利用，旨在为企业赢得持久的竞争优势，从而确保企业的生存与长期进步。对该定义的理解需把握以下几个点。

第一，企业的战略规划要以企业长远生存和发展为核心目标。这意味着，优秀的企业战略除基于企业及其所处行业的过去和现状外，还要预见未来的发展趋势。在当前环境快速变化的背景下，企业单纯依赖过去的经验和传统分析方法不足以构建长期竞争优势，需要敏锐地洞察未来的市场动态，以便及时抓住机遇，建立和维护竞争优势，从而实现快速发展。

第二，企业战略的制定是企业对外部机会和威胁以及内部优劣势的积极回应。企业战略不是一个抽象的概念，要建立在深入了解和分析内外部影响因素的基础上。企业战略的制定过程强调企业要对环境因素进行全面分析，评估行业吸引力和竞争对手特点，同时要客观评估自身的竞争力、优势和不足。了解这些因素对企业未来的影响，有助于企业树立自身的核心竞争力，修补弱点，以适应并充分利用外部环境变化。

第三，企业战略的制定通常应在经营活动前进行，展现一种前瞻性和主动性。虽然企业战略的自然形成在实践中有所体现，但系统化的分析和理性的判断对于构建企业战略仍然至关重要。没有基于事先的深入分析，企业战略制定可能变得无序，且容易受到管理人员个人偏好和时尚趋势的影响。过分依赖直觉和经验可能导致决策偏离科学的轨道，甚至陷入神秘主义。

第四，企业战略的核心在于帮助企业建立和维护持久的竞争优势。在面对多变的外部环境和竞争对手反应时，管理人员往往难以做出精确预测，对此，企业战略应为企业提供多种实现目标的途径，以应对外界的不确定性。仿佛军事战略追求的“进退自如”，企业战略也应使企业在市场竞争中保持灵活性和适应性。

为实现这种战略目标，企业战略不宜过于具体化或数量化，而应更多体现为一种战略意图。在这个过程中，企业核心能力的发展和培养变得至关重要，这也是自 20 世纪 90 年代以来，人们开始关注于构建企业资源和能力的主要原因。而借由精心设计的战略，企业能够在复杂多变的市场环境中找到合适的定位和发展路径，有效应对各种挑战和机遇。

二、企业战略管理的内涵

战略管理，作为一个关键的企业管理概念，最早由美国学者安索夫在其 1976 年的著作《从战略计划走向战略管理》中引入，后来，安索夫进一步深化了这一理念。在 1979 年的《战略管理论》中，安索夫将战略管理定义为将企业的日常操作决策与长期规划相融合的一连串经营管理活动。此外，美国战略管理家斯坦纳（Steiner）在 1982 年的《管理政策与战略》中提出了他的理解——战略管理是一个确定企业使命，根据外部环境和内部运营因素设定企业发展目标，并确保这些目标得以有效实施的动态过程。

随着时间的推移，许多学者和实践者对战略管理提出了各种观点，这些观点形成了两大类定义，即广义的战略管理和狭义的战略管理。广义的战略管理观点涉及使用战略手段对整个企业进行综合管理，安索夫是这一观点的代表人物；而狭义的战略管理观点则专注于企业战略的制定、执行、控制和调整，斯坦纳是这一观点的代表人物。当前，战略管理领域以狭义战略管理的学派为主流。这些观点共同构成了现代企业战略管理理论的多元视角，为企业提供了不同的管理指导和思考方式。

三、企业战略管理的特征

（一）战略管理需要考虑企业外部环境中的诸多因素

企业存在于一个复杂的开放系统中，其中有很多企业无法控制的外部因素。要在未来充满竞争的商业环境中获得优势，企业需关注外部环境的动态，如竞争对手、客户、资金来源、政府政策等，以便及时调整自身战略，适应环境变化，保证企业的持续生存。

（二）战略管理具有全局性

战略管理涉及企业的整体运营，旨在实现企业的整体效益。战略管理不单单关注特定的部门或功能，而是协调整个企业的各个部分，确保它们共同朝着企业的使命、目标和战略迈进。在评估和控制层面，战略管理更加关注各部门对实现企业宏观目标的贡献，而不仅仅是它们的独立表现。

（三）战略管理的核心主体是企业的高层管理人员

高层管理人员是战略管理的核心主体。战略决策影响企业的各个层面，虽然中层和基层管理人员及员工的参与和支持同样重要，但高层管理人员在战略决策中的作用不可或缺。这是因为他们拥有全局视野，能够全面理解企业的情况，并且掌握着为战略实施分配资源的关键权力。他们需要具备丰富的经验、敏锐的洞察力和深刻的判断力。

（四）战略管理涉及企业大量资源的配置问题和信息支持

企业战略管理，从根本上讲，涉及对企业资源的全面规划与合理利用，包括人力资源、物质资源和财务资源的内部整合，以及从外部筹集必要资源。战略决策的实施是一个长期过程，需要持续关注和投入，以确保企业战略目标的顺利实现。企业需要对各类资源进行周密的规划和分配，以适应不断变化的市场环境。战略管理还强调信息的重要性。企业需要持续从外部环境收集、分析、传播和存储相关信息，以便制定符合市场动态的战略。可以说，有效的信息管理是企业资源优化和战略指导的关键。

（五）战略管理从时间上来说具有长期性

从时间维度来看，战略管理具有明显的长期性，它关注的是企业未来 3 年甚至更长时间的发展规划。这要求企业领导层既要了解当前市场和内部条件，又要对未来趋势有清晰的预测和规划。在快速变化和竞争激烈的市场环境中，成功的企业战略建立在对未来变化的准确预测和长期规划之上。

四、企业战略的结构层次

企业战略通常分为三个层次：企业总体战略、业务战略和职能战略。每个层次扮演着不同的角色并指向不同的焦点。

（一）企业总体战略

企业总体战略是企业最高管理层制定的总体行动纲领，它涉及企业整体的发展方向和范围。企业总体战略的核心聚焦在两大方面：第一，企业要根据外部环境的变化及自身的内部条件来选择其经营的业务范围，即确定企业的核心业务是什么以及应该在哪些领域经营。第二，确定业务范围后，企业需在各个事业部门之间合理分配资源，以支持和实现企业的整体战略目标。企业总体战略强调远见性、全局性和创造性，涵盖业务选择、成长优先级、利润分配等关键方面。

（二）业务战略

业务战略也称为事业部战略或竞争战略，是位于战略结构的第二层，旨在服务于企业的总体目标。这一层次的战略主要关注在选定的业务领域或市场中如何建立并保持竞争优势。事业部门的管理者在这个层面上需要识别并巩固最具盈利潜力和发展前景的市场，以确保优于竞争对手的地位。除了确定市场定位，业务战略还包括生产力配置、销售区域选择和销售渠道策略等关键决策。

（三）职能战略

职能战略是企业各职能部门如生产、市场营销、研发、财务和人事等部门的短期目标和规划。这些战略的主旨在于支持并实施企业层面和事业部层面的战略计划。职能战略的范围涵盖生产战略、市场战略、研发战略、财务战略和人事战略等各方面。与企业总体战略和业务战略集中于“做正确的事情”相比，职能战略着重于“将事情做到最好”，关注如何提高生产和市场营销系统的效率、如何提升顾客服务质量，以及如何增加特定产品或服务的市场份额等。

上述三者之间存在着密切的互动关系，也就是说，为了确保企业整体取得成功，这三个层次的战略需要被有机地整合。在企业战略构架中，如图 5-2 所示，每一层次的战略都形成了下一层次战略的环境，下一层次的战略也为上一层次的战略目标的实现提供了必要的支持和保障。这些战略层次相辅相成，共同构建了企业的全面战略框架，以确保企业在复杂多变的商业环境中保持竞争力和发展潜力。

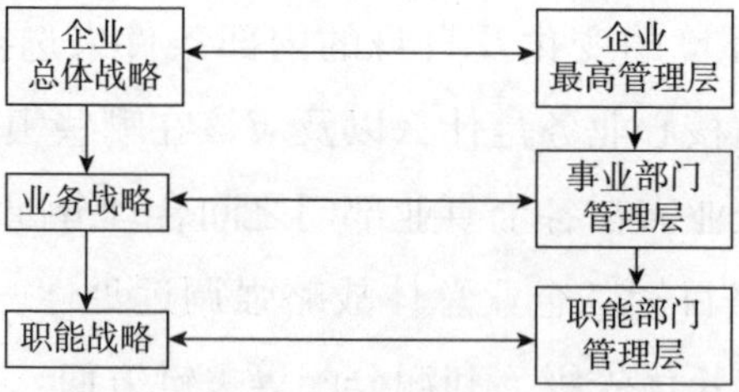

图 5-2　企业战略的结构层次

如果一个企业只从事一项业务，那么其企业总体战略和业务战略是一样的，两种战略的决策权都集中于董事会和最高层管理者的手中。这种特别的战略结构类似于小型企业的组织形式，如图 5–3 所示。

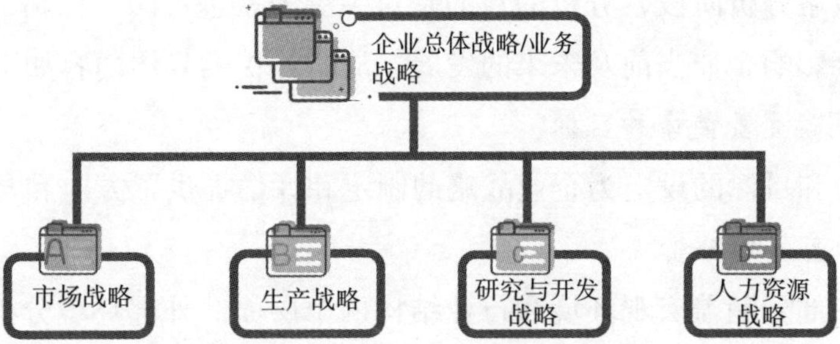

图 5–3　单一业务企业的战略结构

如果一个企业属跨行业经营，即有多项经营业务，那么其企业总体战略为最上层结构，是最高层次的战略，它为业务战略和职能战略提供发展的方法和支持，这种典型的战略结构如图 5–4 所示。

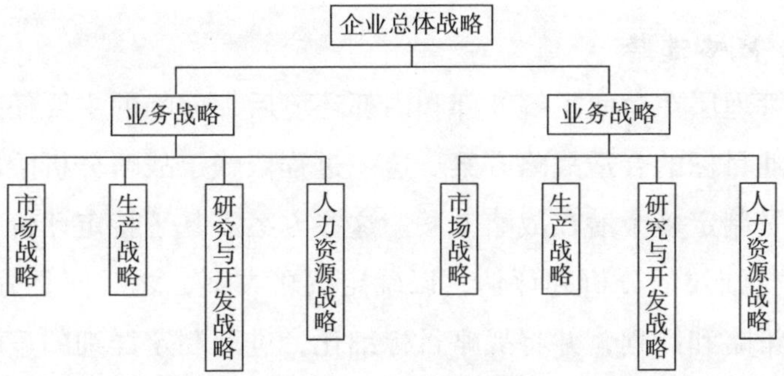

图 5–4　跨行业经营企业的战略结构

五、企业战略管理的过程

为了实现战略管理的成功，企业要视战略管理为一个全面的过程，涵盖战略分析、选择和实施这三个互相关联的阶段。这三个阶段形成了一个动态循环过程。

（一）战略分析

在战略分析阶段，分析的目的是对关键因素进行深入评估，因为这些因素会影响企业当前及未来的发展。战略分析的具体内容如下。

1. 明确企业使命和目标

使命和目标的设定为企业战略的制定和评估提供了方向和基准。

2. 外部环境分析

这一部分涵盖宏观环境和行业结构两个层面。外部环境分析有助于企业了解其经营环境中的当前、未来变化，以及这些变化可能带来的机会和威胁。

3. 内部环境分析

这一部分主要关注企业的资源和能力，以及内部人员的期望。在战略的制定、评估和执行过程中，这些内部人员可能会做出各种反应，对战略实施产生影响。

（二）战略选择

企业管理层在全面了解外部和内部环境后，面临的主要任务是确定能实现企业目标的合适战略方案。这一过程依赖于战略分析阶段确定的目标，涉及制定多个潜在战略方案。这些方案需基于特定评价标准和资源限制进行细致的分析和评估，以确定战略方案，之后便是分配资源，制定实施策略和计划，并将战略目标细化，进而制定详细的策略和行动计划。这一阶段的目的是确保企业战略的有效实施与目标的实现。

（三）战略实施

战略实施阶段负责将制定的战略转变成具体行动。实践显示，即便拥有完善的战略，也必须有效执行才能实现既定目标。战略实施包含两个关键部分：战略执行和战略控制。

战略执行关注于以下几个核心问题：资源在企业内部各部门和层次间的有效分配、外部资源的获取与运用、组织结构的调整、内部利益的再分配及企业文化的适应性调整，以及组织变革的技术和方法。

战略控制侧重于监督实施过程，以确保战略的执行与预期目标相符。在此过程中，企业会根据信息反馈结果，找出实施中的偏差，并采取相应措施进行纠正。若外部环境出现意外变化或由于分析失误导致实际绩效与目标偏差，企业就需要重新评估环境因素，制定新的战略方案。如果偏差源自组织结构问题、企业文化不适应或员工执行力不足，企业就需要进行及时调整或变革。这样的措施有助于确保战略目标的顺利实现，进而推动企业整体战略管理进入新的循环。

六、企业战略管理的必要性

（一）实施战略管理是市场经济发展对企业的客观要求

在市场经济体制下，企业自主经营、自负盈亏，面临着竞争激烈的市场环境。这迫使企业关注自身和外部环境的变化：一是企业外部市场环境复杂多变，企业既需要研究市场竞争的特点，还需要在市场上获取员工、技术和资金等关键资源；二是企业需要面对日益复杂的国际市场。所以，为了确保生存并实现长期发展，企业必须分析市场变化趋势，并制定相应的行动战略。

（二）战略管理有利于企业确立长远的发展方向

战略管理对于企业来说不仅有助于确立长远的发展方向，而且是对抗市场变化的关键。市场的复杂性和不断变化的特点要求企业不应频繁改变生产或经营方向，一旦企业建立了生产基础、购置设备、招聘员工，就不应轻易改变方向。面对这样的市场环境，企业需要对内外部环境进行深入的分析，明确机遇与风险，了解企业在竞争中的地位，进而确定企业长期发展的基本方向。这个方向需要相对稳定，能够长期保持。企业的管理层需要通过战略决策和行动来确保企业沿着有利的方向稳定发展。

（三）战略管理有利于企业建立战略合作的思想

在多变的市场环境中，企业越来越意识到单打独斗的局限性，而更倾向于通过战略合作来增强自身的竞争力和适应性。战略管理促使企业除关注自身的竞争战略外，还要考虑如何通过与其他企业的合作来共同应对外部挑战和抓住新的市场机遇。这种合作关系可以表现为各种形式，例如：建立企业集团或合资公司，以共享资源、知识和市场渠道，提高整体的市场竞争力；签订研发合作协议或实施定牌生产，以加速产品创新，减少研发成本，并扩大产品市场影响力；特许经营则允许企业在不同地域迅速扩张，同时降低风险；通过相互持股，企业之间可以建立更为紧密的战略合作关系，有效地协调彼此的业务方向和发展战略，实现互利共赢。战略管理所倡导的合作有助于企业更好地理解并应对外部环境的变化，提升在市场上的竞争优势，促进企业的长期可持续发展。

（四）战略管理有利于提高企业的经济效益

战略管理通过对企业的长期目标和方向进行系统性规划，帮助企业有效利用资源，减少资源浪费。例如，通过市场分析，企业能够确定哪些产品或服务最有利润潜力，并据此调整资源分配，优先投资于这些高回报领域。战略管理还涉及对潜在风险的识别和管理，这有助于企业规避可能导致重大经济损失的风险。

战略管理能够强化企业对外部变化的适应能力，提高企业的市场竞争力。在快速变化的市场环境中，企业需要迅速响应外部变化，如消费者需求变化、新技术的出现或竞争对手的策略调整。战略管理可以帮助企业预测这些变化，并据此调整运营策略，如通过创新来提高产品竞争力，或调整市场定位以吸引新的顾客群体。战略管理还有助于企业内部的效率提升。通过明确战略目标，企业可以使所有部门和团队的工作朝着共同目标努力，避免资源错配和工作重复，提高整体运营效率。例如，明确的战略目标可以帮助企业确定哪些项目是优先级高的、哪些是次要的，这样企业就可以将资源集中在那些最能推动增长的活动上。

（五）战略管理能够赋予企业思想和活力，增强企业内部的凝聚力

战略管理能够赋予企业思想和活力，从而显著增强企业内部的凝聚力。通过明确的战略规划，企业能够确定在一定历史时期内的核心目标和实现这些目标的有效路径。这种明确的方向指引既是企业日常经营管理活动的依据，也是激励员工的重要动力。员工在清晰的战略指引下更容易理解自己的工作与企业大局的关联，进而自觉为实现企业愿景投入更多的热情和努力。战略管理还有助于塑造企业文化。明确的目标和价值观，能够增强员工的团队精神和归属感，使员工不是单纯执行任务的个体，而是企业发展大家庭中的一员。这种由战略管理带来的思想统一和目标一致性，是企业内部凝聚力增强的重要因素，也是推动企业持续发展的关键所在。

（六）战略管理有利于提高企业素质

第一，战略管理使企业对外部环境中的潜在威胁保持敏感和警觉，有助于企业及时做出应对策略，避免可能的损失。第二，战略管理通过明确目标和提供明确的方向，提高员工生产效率，激发员工的工作热情和创造力。第三，战略管理有助于减少组织变革过程中的阻力，通过制定合理的战略规划和实施计划，顺利引导企业向着既定目标前进。第四，战略管理通过强化业绩与收入之间的联系，提高企业的财务管理和利润最大化能力。

第二节　信息时代下的企业战略思维

一、传统的企业战略思维回顾

企业战略思维是企业高层管理者在日常管理活动之外进行的一种思

考（如分析、综合、判断、推理）过程，它涉及对组织的愿景规划和环境变化的深度理解与分析。

在20世纪60年代，人们对企业战略的研究集中在企业外部的市场机遇和内部能力上。随后的20世纪70年代，研究重点转向了企业外部环境的不确定性。到了20世纪80年代，研究则重点关注于企业的利益相关者、行业竞争力、顾客、企业自身和竞争对手的分析。20世纪90年代，研究重点进一步转移到企业的核心竞争力上。基于这些历史背景下的战略思维要素，战略思维模式可以被划分为以下几种类型：一元战略思维，包括20世纪70年代关注环境的战略思维和20世纪90年代关注核心竞争力的思维；二元战略思维，如20世纪六七十年代的经典SWOT思维；三元战略思维，如20世纪80年代的“顾客—企业—竞争对手”思维；五元战略思维，如20世纪80年代的五力模型思维；N元战略思维，如20世纪80年代的利益相关者思维。

企业战略管理实践的核心问题集中在三个方面：企业目前所处的位置、未来发展方向以及如何在竞争激烈的市场中站稳脚跟。这涉及企业如何有效利用其资源或资产，在竞争环境中满足顾客需求，进而创造价值。企业战略思维一般包括以资源为本的战略思维、以竞争为本的战略思维、以顾客为本的战略思维。这三种战略思维的内涵和特征如表5-2所示。

表5-2　以资源、竞争、顾客为本的战略思维模式及特征

比较项目	以资源为本的战略思维	以竞争为本的战略思维	以顾客为本的战略思维
战略思维方向	由内而外	行业内的竞争	由外而内
战略重点	企业的独特资源	竞争对手	顾客及顾客需求
战略目的	充分利用企业的独特资源	比竞争对手做得更好或打败竞争对手	维系顾客或比竞争对手更好地满足顾客
评价指标	企业资产	行业吸引力	顾客价值

二、信息技术对传统的企业战略思维的影响

（一）对以资源为本的战略思维的影响

信息技术的发展对以资源为本的战略思维产生了显著影响，主要表现在企业如何利用和管理资源方面。传统上，以资源为本的战略思维强调企业内部资源的重要性，包括物质资源、人力资源和知识资源等。信息技术的发展改变了资源的获取、处理和利用方式，使信息本身成为一种关键资源。首先，信息技术提高了企业获取和处理信息的能力。在数字化时代，企业能够通过网络、社交媒体和各种在线平台快速获取大量信息，这种信息的快速获取使企业能够更有效地识别市场趋势、消费者需求和竞争对手的策略，从而在战略决策中占据优势。其次，信息技术使企业能够更有效地管理和利用内部资源。通过数据分析和云计算等技术，企业可以更精准地预测市场变化，优化库存管理，提高生产效率。与此同时，信息技术还使企业能够更有效地管理人力资源，例如通过在线协作工具提高团队的工作效率，或通过人力资源管理信息系统实现人才管理的数字化。再次，信息技术还促进了知识共享和创新。企业可以利用信息技术搭建知识管理系统，实现知识的积累和分享，推动创新。最后，互联网和社交媒体等工具还使企业能够与消费者和其他利益相关者进行更直接的交流和合作，为企业提供新的创新灵感。

（二）对以竞争为本的战略思维的影响

以竞争为本的战略思维强调通过分析和超越竞争对手来实现优势。信息技术的飞速发展对这种传统战略思维产生了深远的影响。

1.信息技术的普及使数据和信息更加易于获取和分析

在过去，收集关于竞争对手的信息可能需要大量的时间和资源。但现在，企业可以通过互联网、社交媒体和各种在线工具快速获取大量数据。这既加快了市场信息的流通速度，也使企业能更快地对市场变化做出反应。

2.信息技术的应用扩大了竞争的范围

在数字化时代，企业既要面对传统的直接竞争对手，还要应对来自不同行业甚至是跨国的竞争者。这种跨界竞争迫使企业重新思考竞争策略，不再局限于传统的市场和客户。

3.信息技术促进了创新和定制化服务的发展

企业可以利用大数据分析来更深入地理解客户需求，提供更加个性化的产品和服务。这种以客户为中心的策略转变，使竞争不仅仅是价格和产品质量的竞争，更是服务和体验的竞争。

4.信息技术的发展引发了合作与竞争相结合的新战略模式

在某些情况下，与竞争对手合作（如技术共享、市场共建）可能比单打独斗更能带来竞争优势。这种“合作竞争”模式要求企业在维护自身利益的同时考虑如何通过合作创造更大的市场价值。

（三）对以顾客为本的战略思维的影响

信息技术的发展对以顾客为本的传统战略思维的影响涉及顾客关系管理、市场细分和个性化服务等多个方面。

1.顾客关系管理

信息技术极大地增强了企业与顾客之间的互动和沟通。在过去，企业与顾客之间的交流通常是单向的，企业通过广告、促销活动等方式传递信息给顾客。但随着社交媒体、即时通信和其他数字平台的兴起，企业与顾客之间的交流变得双向且即时。企业可以通过这些平台实时收集顾客的反馈和建议，并快速响应。这种即时的互动可以加深顾客的参与感和忠诚度，也能够使企业更加精准地了解顾客需求和偏好，做出更合适的市场策略和产品的调整。

2.市场细分

通过大数据分析、机器学习等技术，企业能够从海量的顾客数据中提取出有价值的信息，如顾客的购买历史、偏好、行为模式等，这些信息有助于企业对市场进行更精细的细分，识别出不同特征和需求的顾客群体。基于这些细分，企业可以设计更加符合特定顾客群体需求的产品和服务，实现个性化营销。

3.个性化服务

在数字化时代，顾客不再是被动的产品消费者，而是可以直接参与到产品创新和服务改进中来。企业可以利用在线社区、客户反馈系统等工具收集顾客的意见和建议，使顾客成为产品和服务创新的一部分。这种以顾客为中心的个性化服务方式能够提高产品和服务的质量，同时增强顾客的品牌忠诚度和满意度。

三、信息时代下的企业战略思维的主要特征

（一）定量思维特征

随着大数据和高级分析工具的普及，企业越来越多地依赖数据来指导其战略决策。在过去，企业的许多决策依赖管理者直觉、经验或简单的定性分析，而在信息时代，企业可以收集和分析大量的数据，如市场趋势、消费者行为、竞争对手动态等，以更科学、客观的方式进行决策。这种数据驱动的决策过程能够帮助企业更准确地预测市场变化，识别潜在的机会和风险，进而做出更有根据的战略选择。

定量思维也推动了企业管理和运营的优化。在信息时代，企业可以利用各种高级分析工具，如预测分析、优化模型和人工智能算法，来提高运营效率和效果。例如，通过分析生产流程中的数据，企业可以优化其供应链管理，减少浪费，提高生产效率。同时，定量思维在财务管理、人力资源管理等方面发挥了重要作用。通过对财务数据的深入分析，企业可以更好地控制成本、评估投资回报和管理风险。在人力资源管理方面，通过分析员工的绩效数据和市场薪酬数据，企业可以更科学地制定薪酬政策和员工发展计划。

（二）跨界思维特征

跨界思维意味着企业需要超越传统行业的界限，探索与其他领域的

合作与融合机会。在信息技术高度发达的今天，行业之间的边界越来越模糊，许多创新往往发生在不同领域的交汇处。例如，金融科技是金融服务与信息技术融合的产物，它通过引入先进的技术，如区块链、人工智能、大数据等，彻底改变了传统金融服务的模式。同样地，健康科技、智能制造、绿色能源等领域都展现出跨界融合的趋势。企业需要具备开放的心态，主动寻求与其他行业、技术领域的交流与合作，以创新思维推动自身的转型和发展。

跨界思维还要求企业在战略规划和市场定位上具有更加灵活和广阔的视野。信息时代的消费者需求日益多样化和个性化，这要求企业除了解自身所在行业的动态外，还要对相关领域的发展趋势保持敏感。通过跨界思维，企业能够更好地捕捉市场的新需求，发掘新的商业机会。

跨界思维也使企业能够更有效地进行风险管理和资源配置，因为在多元化的市场环境中，能够准确预测和应对跨行业的风险和挑战对企业的可持续发展至关重要。

（三）执行思维特征

执行思维突出了信息的实际应用价值，强调从大量收集的数据中发掘关键市场信息，并将其转化为实际行动。该思维方式强调数据的实用性，要求企业不仅仅满足于拥有数据，而是要通过分析这些数据来寻找市场机会，进而开拓新市场。企业利用信息分析得到的洞见可以创造独特的产品和服务，继而通过高效的组织执行，赢得顾客的青睐和市场的竞争优势。

（四）怀疑思维特征

怀疑思维强调对数据和信息进行持续的审视和测试。在这个过程中，企业不能盲目地接受数据所呈现的结果，而应该对数据的全面性和准确性持怀疑态度。这是因为数据有时可能会误导决策，导致企业战略决策出现偏差。所以，企业在做出基于数据的决策时，需要深入思考数据的真实含义，考虑信息是否全面，来源是否可靠。

综上所述，信息技术给企业经营管理带来了深刻变革，尤其在消费者决策和购买行为上。对此，企业的战略思维应当适应这些变化，升级传统以资源、竞争和顾客为核心的战略思维，并培养全新的大数据思维。

第三节　企业实施战略管理信息化的策略

一、重视信息技术

（一）信息密度模型

美国经济学家迈克尔·波特（Michael Porter）在其著作《竞争优势》中提出了信息密集度的矩阵模型，这是对不同行业信息化程度差异的静态描述。若在此基础上进一步发展模型，将纵轴更改为虚拟价值链（信息供应链）中的信息利用程度，横轴更改为产品的信息含量，就构建出新的信息密度模型，如图 5-5 所示。该模型有助于企业预测未来行业对信息技术的依赖程度，被称为潜在信息密度模型。

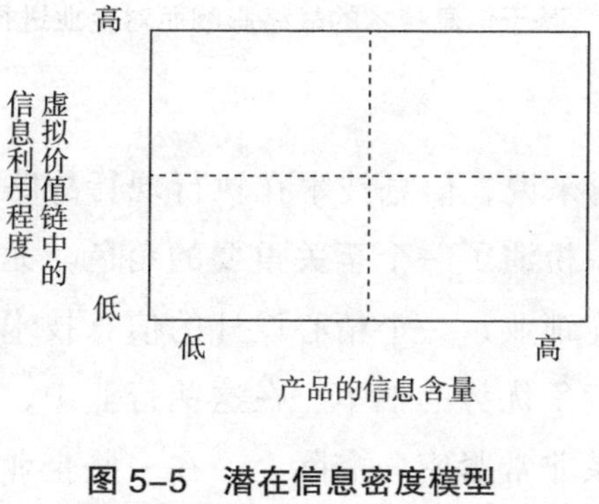

图 5-5　潜在信息密度模型

使用该模型时，企业应根据自身行业的实际情况设立相应的测量指标，并在模型中标注当前位置。接着，通过连线标示出当前位置与理想位置之间的差距，指明企业应迈向的方向和路径。此方法能够帮助企业更清晰地规划信息技术的应用和发展策略，以更好地适应所处行业的特点和需求。

（二）企业对信息技术的定位

信息密度和潜在信息密度指标体现了企业当前及未来对信息技术的依赖水平。不同企业对信息技术的依赖程度各异。有些企业对信息技术的运行绝对依赖，任何微小的服务中断或质量问题都可能带来严重后果。有些企业则能承受信息技术扩展期间的挑战，即信息技术尚未对企业的全面运作产生深远影响。

基于信息技术的战略影响而对企业进行的分类如图 5-6 所示。

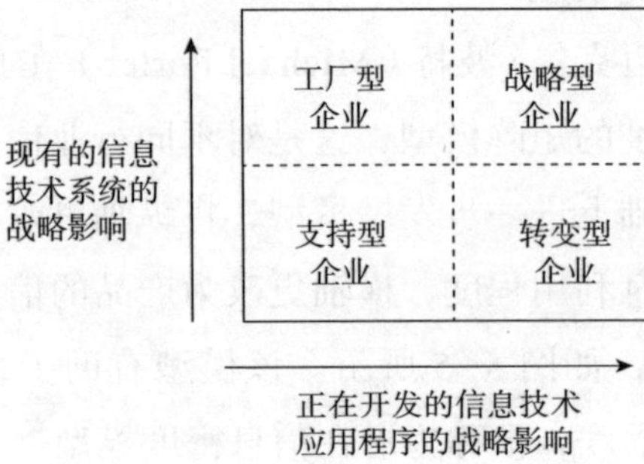

图 5-6　基于信息技术的战略影响而对企业进行的分类

1. 战略型企业

对于有些企业来说，信息技术在执行现行战略、规划未来走向以及处理日常运营中扮演了一个至关重要的角色。尤其在银行业、保险业和主要的零售连锁业，一个精心设计的信息技术战略很可能成为它们在市场中获得竞争优势的根本。在这些行业中，信息技术部门与企业高层之间的联系非常紧密。实际上，在一些企业中，信息技术部门领导甚至是董事会的一员，这充分体现了信息技术在制定企业战略中的核心地位。

2. 转变型企业

有些企业的日常运营并不完全依赖于信息技术，但为了实现战略目标，新的信息技术应用变得至关重要。例如，一个快速发展的制造业企业可能会在20世纪90年代就开始使用信息技术来管理车间、市场营销和会计处理。虽然信息技术应用对企业有着重要意义，但那时它们并不是提高效率的关键。但是，随着产品种类、地理分布、管理人员和设备的快速增加，信息技术应用的重要性开始凸显。因此，开发新的信息技术应用变得迫切而必要，这不仅能增强企业对主要客户关系的管理，还能显著提升服务质量，减少管理成本，降低运营成本。新项目的成功实施需要有组织的规划和企业管理层的支持。一旦新的信息技术投入实际应用，其很可能成为企业成功的重要支柱。而企业能否顺利转型，则取决于企业是否坚持为信息技术研发和维护制定并实施新的战略。

3. 工厂型企业

对于某些企业来说，它们的顺畅运营严重依赖于低成本高效率的信息技术支持，这类企业将信息技术用于保证运营的及时性和顺利性。这些企业的信息技术应用虽然重要且有益，但并不是企业的核心竞争力。在这些工厂型企业中，即使响应的延迟也会导致严重的运营、竞争和财务后果，系统的停机则可能导致主要部门的运营中断，造成顾客流失或严重的资金损失。对这些企业来说，信息技术的作用虽然不构成核心竞争力，但其效率和可靠性对企业的平稳运行至关重要。

4. 支持型企业

在支持型企业中，信息技术在企业日常运营和未来战略中的作用通常被看作次要的。例如，某大型专业服务公司，每年在其信息技术系统上的投资大约为3000万元，用于服务其2000名员工。但是，即使这些信息技术系统遭遇全面故障，该公司的基本运营也不会受到太大影响。因为在这类公司中，信息技术通常在组织结构中占据较低的地位，并且与公司的业务计划关联不紧密，尤其是在高级管理层中更是如此。

然而，企业对信息技术的视角是可以改变的，这取决于企业如何重新定位和发展新的信息技术策略。通过调整行业内对信息技术的看法，企业可以改变竞争环境，并促使整个行业的重新定位。以零售业为例，多年前，许多零售公司都将自己视为支持型企业，但随着新技术的引入，像沃尔玛这样的公司迅速崛起，利用技术获得了巨大的成本优势，从而彻底改变了整个行业的竞争格局。

（三）企业战略管理信息化模式

从宏观的角度来看，企业战略管理信息化一般有以下五种模式。

（1）企业—行业互动模式。企业—行业互动模式是指某个企业信息化建设与该企业所在的行业信息化之间存在互相约束和促进的很强的互动关系，并由这种互动关系形成的企业信息化的建设模式。它最先是一个或多个企业带动，然后是推动行业的信息化，最后是行业信息化引导大规模的企业信息化。

（2）挑战—反应模式。挑战—反应模式是根据美国圣塔菲研究所创造的概念而命名的。企业面对现实或未来的挑战会采取积极措施，而在企业选择的各种对策措施中，企业信息化建设是企业各种对策的关键方案。企业面对未来的挑战未雨绸缪，将企业自身作为挑战对象，积极投资进行信息化建设。这种模式适合于行业中处于领导地位的企业的信息化建设。

（3）雁行模式。雁行模式是指由于企业信息化时间和起点不同，造成行业内部的不同企业之间的信息技术和管理水平的差距，进而使企业信息化水平犹如大雁飞行形状。由于信息技术发展快，信息化项目比一般的项目风险更大，这就导致大多数企业都愿意“跟跑”，不愿意“领跑”。具体表现为，很多企业在同行业竞争对手或合作伙伴实施信息化建设后，吸取经验和教训，再建设自己的信息化项目。

雁行模式可以分为企业间雁行模式、企业内雁行模式、行业间雁行模式和地区内雁行模式四种。对于企业间雁行模式，先行信息化的企业为后进企业提供经验和样板。在实际实施信息化建设中，通常采取信息化示范工程来使用这种企业间雁行模式。

（4）地区互动模式。由于地区因素的影响，企业投资信息化建设而形成的信息化建设模式称为地区互动模式。地区因素包括：企业所在地区提供了信息化建设的各种良好环境，企业所在的某个自然形成的经济区域内企业间相互影响，区域内信息传播成本低而促进企业间相互交流和影响，等等。

（5）中小企业—大型企业互动模式。这种模式是指中小企业在大型企业的信息化浪潮带动下，充分利用大型企业信息化提供的经验和发展环境，进行自身的信息化建设，然后再为大型企业提供信息。由于大型企业的信息化建设基础条件好，所以信息化的成功一般来说能率先实现，这样大型企业会将自己的某些经验辐射给予自己有业务来往的其他中小企业，从而带动自身产业链的增值。

从微观的角度来看，企业可以采取基于价值链的信息化模式和基于价值流的信息化模式。

（1）基于价值链的信息化模式。这种模式聚焦于通过信息技术优化企业的内部流程和外部互动，以提高效率和创造更大的价值。在这个框架下，信息化不仅被视为支持日常操作的工具，而且成为增强企业在市场中的竞争力的关键因素。通过详细分析企业的价值链，即从原材料采购到产品生产、销售直至顾客服务的每个环节，企业能够识别出关键的改善点，并利用信息技术来优化这些环节，促使其在成本控制、客户满意度、市场响应速度等方面取得优势。

（2）基于价值流的信息化模式。基于价值流的信息化模式是一种着眼于通过信息技术优化整个价值创造过程的策略。该模式强调在整个价值链中应用信息技术，从原材料获取到产品制造、销售和最终的客户服务，旨在提高操作效率、降低成本并提升顾客满意度。在这一模式中，信息化不只被视作日常运营的支持工具，而是作为一种战略资源，用来加强企业的核心竞争力。

首先，基于价值流的信息化模式强调对企业内部流程的优化，通过使用先进的信息技术，如企业资源计划系统、供应链管理系统等，企业能够更有效地管理其内部资源。这些系统通过提供实时数据和分析，帮助企业减少浪费、改善生产效率并最大化资源利用。例如，通过精确追踪原材料和产品的流动，企业能够减少库存积压，从而降低存储成本。信息技术也使企业能够更快地响应市场变化，快速调整生产计划以满足客户需求。其次，这种模式还涉及企业与外部环境的互动，特别是在客户关系管理和市场营销领域。通过利用客户关系管理系统和数字营销工具，企业可以更深入地理解和满足客户需求。客户关系管理系统能够收集和分析客户数据，帮助企业建立更精准的客户画像，进而设计出更符合目标市场需求的产品和服务。数字营销工具如社交媒体分析、在线广告和电子邮件营销，使企业能更有效地触及目标客户，提高营销活动的回报率。这种对外部环境的敏感性和响应能力，能够帮助企业在竞争激烈的市场中脱颖而出。

上述两种信息化模式有效回应了信息化与业务流程重组之间的争议，即采用 ERP+BPR 还是 BPR+ERP 的问题。如果企业选择价值链模式，则可根据企业资源计划的需求进行业务流程改进；若选择价值流模式，则需先进行业务流程重组，随后进行信息化，再根据企业资源计划的需求进行业务流程改进。这样的信息化策略既顺应时代发展，又能有效增强企业的竞争力。

二、做好信息技术战略规划

（一）企业信息技术战略规划步骤

企业信息技术战略规划步骤主要包括四步。

1. 构建规划组织结构

在制定信息技术战略规划的阶段，企业需要保证规划团队之间的有效沟通与协作，并明确确定信息技术战略规划的目标、范围、过程和组织结构。这涉及对规划边界的明确界定，如决定涵盖哪些特定的业务单位、部门，以及是否需要对价值链或业务流程进行调整和重组。要实现这些，构建一个有效的规划组织结构至关重要。它通常由高层管理人员组成的领导团队、业务和信息技术部门的代表组成的执行小组，以及包括行业专家、供应商和客户代表在内的咨询委员会组成。

2.明确规划方向

企业信息技术战略规划用于指导企业如何有效地利用信息技术来实现其长期商业目标和战略愿景。这种规划涵盖对企业现有信息技术资源的评估、未来信息技术需求的预测以及确立如何利用信息技术来支持和推动企业战略。其重点是确保信息技术战略与企业的总体战略紧密对齐，以确保信息技术投资能够最大限度地推动企业效益增长和效率提升。

企业信息技术战略规划的起点在于全面理解企业的商业目标和战略方向，这需要分析企业的市场定位、竞争优势、核心能力以及长期目标。基于这些洞察，信息技术战略规划将确定如何通过信息技术来增强企业的市场竞争力。这可能包括投资新技术以提高生产效率、开发新的客户服务平台以增强客户体验，或者通过数据分析来提高市场决策的准确性。

信息技术战略规划还需要重点关注风险管理和成本效益分析。风险管理包括评估与实施新信息技术系统相关的潜在风险，如安全威胁、系统不稳定性以及兼容性问题，并制定相应的风险缓解策略。成本效益分析则着重于评估信息技术投资的经济效益，包括直接的成本节约和间接的效益，如提高员工生产力和客户满意度。有效的信息技术战略规划既要考虑当前的信息技术需求，还要预见未来的技术发展趋势，以确保企业能够持续适应快速变化的市场环境，并在竞争中保持领先。

3.设定规划目标

在制定企业的信息技术战略规划时，规划团队需要选择一种合适的方法，确保信息技术战略与企业整体战略的协调一致性。这一过程的主要任务包括对信息技术战略规划目标的明确设定，以及确保它们与企业战略相匹配。为此，企业需要全面考量多个因素，包括行业的信息技术密度和潜力、信息技术供应情况、竞争对手在信息技术领域的动向、信息技术的最佳实践、信息技术服务外包市场的现状，以及企业自身的信息化程度。企业还需要对现有的信息技术管理水平进行评估，识别现存或计划中的项目。基于这些分析，规划团队将为信息技术定下其角色、使命、愿景、目标、信息化模式、中长期规划以及信息技术基础设施建设等内容。

4.制定具体规划

制定具体规划的目的在于确保规划的有效执行。这个环节包括两个主要部分：差距分析和行动计划。差距分析涉及对业务运作愿景、环境需求、信息需求、外部需求、业务应用、业务需求以及信息技术基础设施进行全面评估。行动计划部分则包括识别机会、制定解决方案、确定信息化项目的进度规划以及制定信息化核心能力的发展策略。

（二）企业信息技术战略规划与企业战略规划的结合方式

企业在进行战略规划和信息技术战略规划时，应当处理好二者的结合方式，具体来说，可参照下述结合方式进行处理。

1.并列关联过程

在信息技术战略规划与企业战略规划的结合方式中，“并列关联过程”是一种有效的方法。在这种模式下，信息技术战略规划并不是从企业战略规划中派生出来的次级任务，而是作为一个独立但紧密相关的过程与企业战略规划并行进行。这意味着企业在制定其总体战略的同时，也独立地考虑信息技术的战略，确保两者在相互独立的同时能够相互支持和补充。信息技术战略规划关注的是如何利用信息技术资源最大化企业价值，而企业战略规划则更关注企业的整体目标和市场定位。

2.独立制定过程

在此方法中，信息技术战略规划和企业战略规划是完全独立进行的两个过程。这表明信息技术战略的制定不是直接从企业总体战略中衍生出来的，而是基于对信息技术领域内的机遇和挑战的独立分析得出的。这种方法允许信息技术部门在不受企业总体战略限制的情况下，探索和实施最适合其自身发展的技术路径和解决方案。然而，虽然信息技术战略规划在此模式下独立进行，但仍需确保其最终目标与企业的长期愿景和目标相协调。

3. 整体化制定过程

整体化制定过程强调将信息技术战略规划融入企业总体战略规划之中，进行统一的战略制定。该方法认为信息技术战略不应被视为独立于企业核心战略之外的元素，而是企业整体战略的一个不可分割的组成部分。在这一过程中，信息技术战略的制定与企业的目标、愿景、市场定位和长期计划紧密相连，确保信息技术的发展方向和投资决策与企业的整体战略目标和需求完全一致。

上述三种方式各有其优势和局限性，企业需据实际情况决定最适合自身发展的战略制定方法。

（三）信息技术战略规划过程

当企业着手进行信息化战略规划时，企业采用的方法及其操作流程各有不同。以 AMT 的“4-4-3”方法为例，这种方法在信息技术战略规划与企业战略规划的结合中属于后者导向的方式。它建立在业务规划的基础之上，旨在通过信息技术战略规划来支持和实现企业业务目标。该方法的实施分为三个主要步骤：调研、分析和综合。具体到操作层面，信息技术战略规划被分为三个阶段，分别是确定信息技术建设的远景及现状差距、选择合适的信息技术系统与项目架构、具体的信息技术项目规划。每个阶段都细分为若干子阶段，分别有 4 个、4 个和 3 个步骤，形成了一种“4-4-3”的阵型，如图 5-7 所示。这种结构为企业在实施信息技术战略规划时提供了清晰的指导框架。

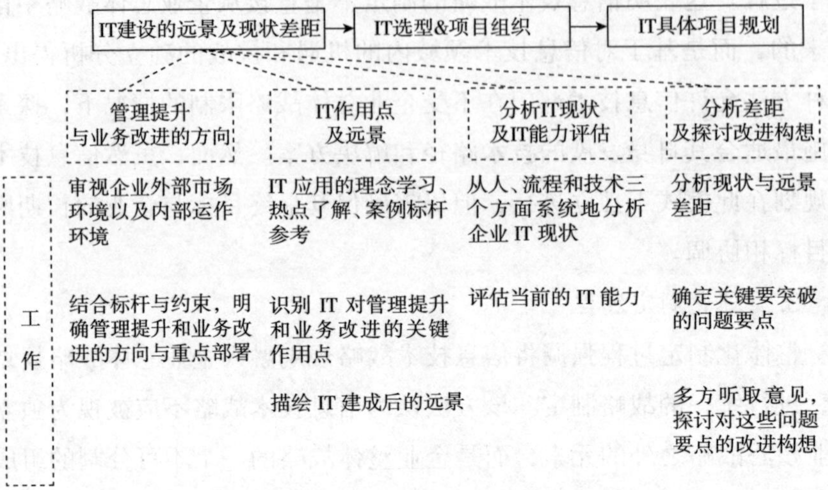
IT建设的远景及现状差距
IT选型&项目组织
IT具体项目规划
管理提升与业务改进的方向
IT作用点及远景
分析IT现状及IT能力评估
分析差距及探讨改进构想
工作
审视企业外部市场环境以及内部运作环境
结合标杆与约束，明确管理提升和业务改进的方向与重点部署
IT应用的理念学习、热点了解、案例标杆参考
识别IT对管理提升和业务改进的关键作用点
描绘IT建成后的远景
从人、流程和技术三个方面系统地分析企业IT现状
评估当前的IT能力
分析现状与远景差距
确定关键要突破的问题要点
多方听取意见，探讨对这些问题要点的改进构想

（a）

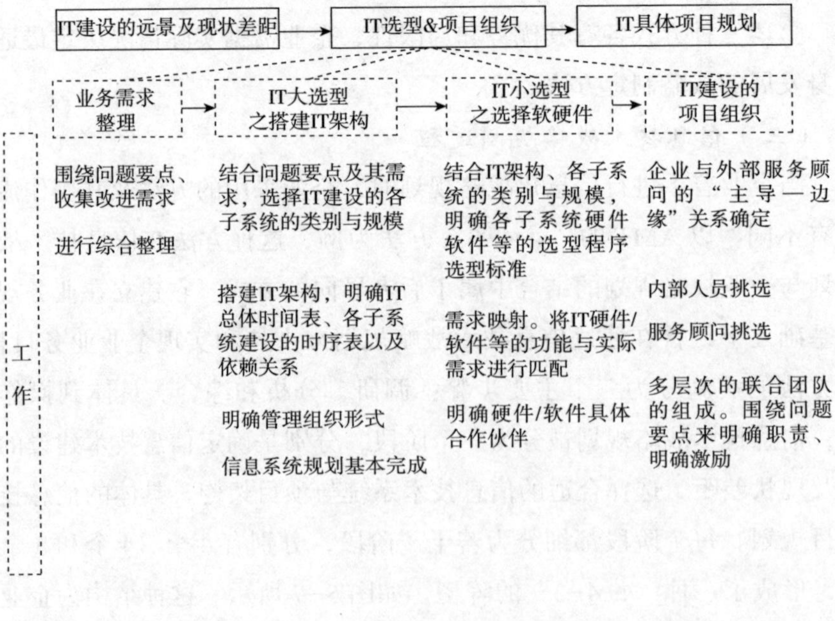
IT建设的远景及现状差距
IT选型&项目组织
IT具体项目规划
业务需求整理
IT大选型之搭建IT架构
IT小选型之选择软硬件
IT建设的项目组织
工作
围绕问题要点、收集改进需求
进行综合整理
结合问题要点及其需求，选择IT建设的各子系统的类别与规模
搭建IT架构，明确IT总体时间表、各子系统建设的时序表以及依赖关系
明确管理组织形式
信息系统规划基本完成
结合IT架构、各子系统的类别与规模，明确各子系统硬件软件等的选型程序选型标准
需求映射。将IT硬件/软件等的功能与实际需求进行匹配
明确硬件/软件具体合作伙伴
企业与外部服务顾问的“主导—边缘”关系确定
内部人员挑选
服务顾问挑选
多层次的联合团队的组成。围绕问题要点来明确职责、明确激励

（b）

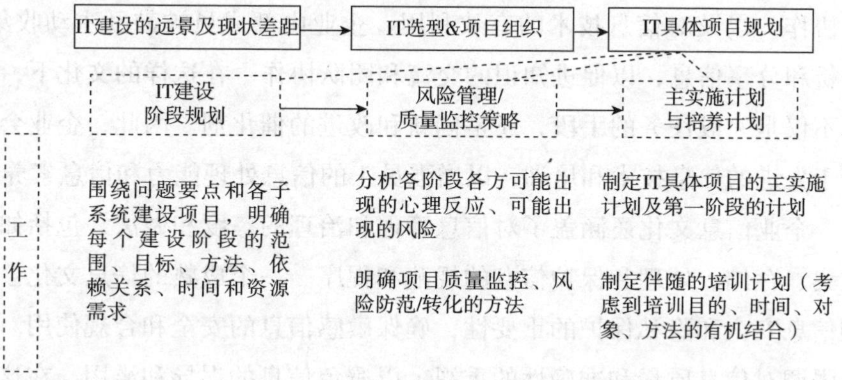

（c）

图 5–7　4–4–3 阵型

“4–4–3 阵型”是信息技术战略规划的一个动态进程，它的直接工作产生的“静态成果”包含了以下工作报告成果：企业战略与流程现状分析报告、IT 现状能力评估报告、IT 需求分析报告、IT 架构设计和管理组织形式设计报告、IT 产品 / 服务选型报告、IT 具体项目规划报告。

三、发挥企业信息文化的保障作用

（一）企业信息文化的内涵

企业信息文化作为一种组织文化的表现形式，是指在企业环境中形成的关于信息的价值观、行为准则和操作习惯的总和。这种文化体现了企业对信息的态度、信息管理的方式以及信息在日常业务活动中的应用。企业信息文化的核心在于如何看待、处理和利用信息。企业信息文化不仅影响企业内部的沟通效率和决策质量，还影响企业对外的竞争能力和市场响应速度。

企业信息文化的一个重要方面是对信息的价值和重要性的认识。在一个积极的信息文化中，信息被视为宝贵的资源，对企业的战略决策和日常运营至关重要，这种文化鼓励开放和透明的信息共享，支持跨部门的协作，以及对信息技术的有效利用。企业内部成员被鼓励主动收集、分析和分享信息，以促进知识的交流和团队协作。在这样的文化下，信息不仅是完成任务的手段，还是创新和改进的催化剂。因此，企业会投资于先进的信息技术和培训，以增强员工的信息处理能力和信息素养。

企业信息文化还涵盖了对信息管理和治理的态度和做法，包括如何收集、存储、处理和保护信息的规范和程序。一个成熟的信息文化会强调信息安全和隐私保护的重要性，确保敏感信息的安全和合规使用。它还强调对信息质量和准确性的重视，以避免信息的误导和滥用。在这种文化中，信息被认为是支持决策的基石，所以企业会建立健全的信息管理系统和决策支持系统来确保信息的有效流动和合理应用。

（二）企业信息文化对战略信息化的作用

企业信息文化既影响企业内部员工对信息技术的态度和使用效率，又影响企业如何利用信息技术来实现其战略目标。一个强大的企业信息文化可以加速企业战略信息化的进程，提升企业的竞争力。

1.企业信息文化对战略信息化的推进有着直接的影响

在一个强化信息文化的企业中，信息被视为重要资产，全体员工都需认识到信息技术在实现企业战略中的重要性。这种文化鼓励员工主动学习和使用新技术，支持创新。强化信息文化的企业更可能实施前瞻性的信息技术战略，例如投资于云计算、大数据分析和人工智能等先进技术，以提高运营效率、优化客户体验和推动产品创新。此外，这种文化有助于构建一个协作和分享的工作环境，促进知识共享，从而加快信息技术在组织内的传播和应用。

2.企业信息文化在促进战略决策中发挥着关键作用

在信息化程度高的企业中，决策过程更加依赖于数据驱动和事实基础。强大的信息文化促进了数据的收集、分析和共享，使决策更加客观、准确。例如，通过利用大数据和分析工具，企业能够更好地理解市场趋势、顾客需求和竞争动态，进而做出更加合理的战略规划。信息文化还促进了跨部门和层级的沟通，提高了战略决策的效率和质量。

3. 企业信息文化有利于维护和提升企业的长期竞争力

一个成熟的信息文化不仅关注当前的技术应用，还注重对未来技术发展趋势的预测和准备。这意味着企业能够及时调整其信息技术战略，以适应市场和技术的变化。此外，信息文化有助于企业建立良好的品牌形象和客户关系，因为它强调的开放性、透明性和客户中心的价值观与现代消费者的期待相符合。通过有效利用信息技术，企业不仅能够提高内部运营效率，还能够更好地满足客户需求，在激烈的市场竞争中保持领先地位。

四、因应实践而变革

战略信息化代表着一种创新思维，它通过信息技术的支持构建全新的企业规划。在这个过程中，企业需要认识到竞争焦点、顾客价值感知以及核心竞争力的不断变化。通常，企业战略在一定时期内会保持稳定，但随着时间的推移，企业很可能需要进行战略调整以应对外部和内部环境的变化。在如今的信息时代，战略的灵活性和适应性正变得日益重要。

战略变革的研究可以分为三个方面：一是涉及企业整体变革；二是专注于企业组织结构的变革；三是关注企业战略本身的变革。本部分讨论的重点是第三类，即企业战略的变革，这种变革是为了确保企业在不断变化的环境中保持竞争优势，也是对企业战略灵活性和适应性的实际体现。

（一）企业战略变革的原因

企业战略变革的原因多种多样，主要可以归纳为以下几点。①企业处于不断变化的多元环境之中，涉及政治、经济、文化、竞争和技术等多个方面。这些外部环境的动态变化要求企业重新评估其面临的机会和威胁，进而调整其战略方向。尤其是竞争环境、顾客需求和技术的快速变化，为企业战略的制定带来了新的挑战和机遇。②企业战略的稳定性在很大程度上依赖于资源配置，而随着资源组成的变化，如现有资源的调整、战略所需资源的获取以及新资源的产生，可能会破坏原有战略的平衡，从而促使战略的调整或重构。③随着组织结构、企业文化和规章制度的变化，企业的战略也需要相应的调整以适应这些内部变化。特别是组织设计的变革和战略对组织适应性的要求，会进一步加剧这种调整的必要性。④企业愿景的变更也是战略变革的一个重要驱动力。企业愿景的调整反映了对企业未来方向的重新定位，这将直接影响企业的战略规划和执行。⑤企业经营绩效的下滑，通常会驱使企业寻求战略创新，以期改变不利的经营局面。⑥组织的僵化也是促使战略变革的因素之一。当企业难以有效识别和把握发展机会和威胁时，企业需要改变原来的管理模式与战略，以确保企业能够持续发展。

（二）企业战略变革的类型

企业战略变革可以根据战略弹性和变革的性质进行分类，具体可分为三类：反应型变革，即“适应现在”的变革；预测型变革，即“观察未来”的变革；能动型变革，即“创造未来”的变革。从变革的演变态势看，变革有渐进式、激进式和混合式。依据领导变革主体的行为方式，变革可分为强制式变革、理性或自利式变革，以及教育或交流式变革。

企业战略变革还可依据其范围和性质划分为四种类型，如图 5-8 所示。适应式变革是指在组织现有范式内进行的渐进变革；重组式变革是迅速发生并引起一系列急剧变化的变革，尽管它不会根本改变组织范式；渐进式变革涉及改变组织范式，但过程较长；革命式变革则是需要快速、大幅度改变组织范式的变革，这通常是由战略偏移引起的巨大压力所导致。

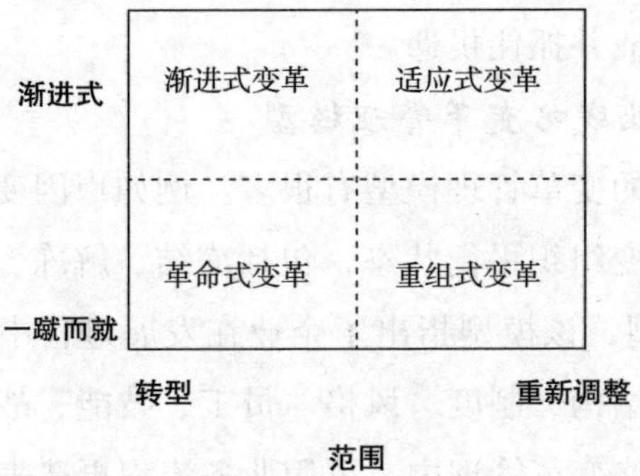

图 5-8　变革的类型

当今时代信息技术不断发展，这既给企业带来了挑战也带来了机遇。在这样的环境中，企业战略信息化成了一个关键议题，其目的在于利用这些机遇或至少避免潜在威胁，以实现战略上的成功。信息技术已变成一种改变商业游戏规则的工具，而变革本身已成为新的规则，在这种背景下，管理变革的能力成为企业获取竞争优势的关键战略能力之一。对企业来说，信息技术的战略意义不仅在于它对战略变革的贡献，还包括通过管理创新、开发新的竞争优势和能力来增加战略弹性、主动适应环境的能力。这意味着，在新经济条件下，企业战略信息化是对战略变革的一种积极管理。

在设计战略变革时，企业应采用一种综合的方法。这种方法应结合方向性变化和组织范式的整体转型，并对现行范式做出具体的调整，包括应对短期的急剧变化和长期的逐步变革。在规划战略变革的过程中，企业需要考虑到各种环境因素，如时间安排、变革的范围、保留的程度、多样性、组织能力、力量对比、准备状况和权力结构等。另外，深入分析文化环境以及可能促进或阻碍变革的各种因素也非常关键。企业需要基于多方面分析选择一个适合自身情况的变革类型。在分析过程中，流程、组织结构和文化环境一方面可能会推动变革，另一方面也可能成为其障碍，倘若它们成为阻碍，企业就应当及时进行相应的调整，以有效应对挑战并抓住机遇。

（三）企业战略变革管理模型

企业常用的变革管理模型有很多。例如卢因变革管理模型，该模型提出变革是改变组织平衡状态，包括冻结、解冻、再冻结等阶段。又如麦肯锡7S模型，该模型指出了企业在发展过程中要全面地考虑各方面的情况，包括结构、制度、风格、员工、技能、战略、共同的价值观。

企业在战略变革管理中，可用业务流程再造来驱动变革。

构建以流程为中心的组织架构，首先需要以客户需求为导向的战略为基础，并发展出与之相匹配的企业文化。当企业致力于实施全面的流程重塑，以建立以流程为核心的组织结构时，这实质上意味着企业正处于流程、结构和文化三个方面的全面变革之中。在这个过程中，流程变革成为驱动战略、文化、结构和信息技术基础设施变革的关键。战略变革是变革管理的最终目标，其目的是实现企业的长期战略目标或愿景，通常这些战略目标是由核心业务流程推动的。企业在进行流程变革时，需要对流程进行重新设计，以确保企业内部流程能够适应新战略的需求。要实现流程变革，还需改变组织内部各层人员的态度、思维和行为，引领企业文化的变革。成功的变革管理意味着管理层和员工能够持久地调整他们的工作方式，以适应变革的要求，这就要求企业应当培育一个支持这种变革的企业文化。

在实施业务流程和文化变革的过程中，这些变革一般需要依赖于组织结构和信息技术基础设施等关键基础设施的支持。流程变革会促使企业构建一个以流程为中心的组织架构，而文化变革的成果则需要通过与之相匹配的组织结构来巩固。信息技术在业务流程重组中扮演着“激励器”的角色，是建立以流程为中心的组织结构的关键要素，通过利用业务流程重组作为一个转换的机会，企业可以通过上述因素及它们之间的相互配合和平衡关系，顺利实现变革的目标，如图5-9所示。

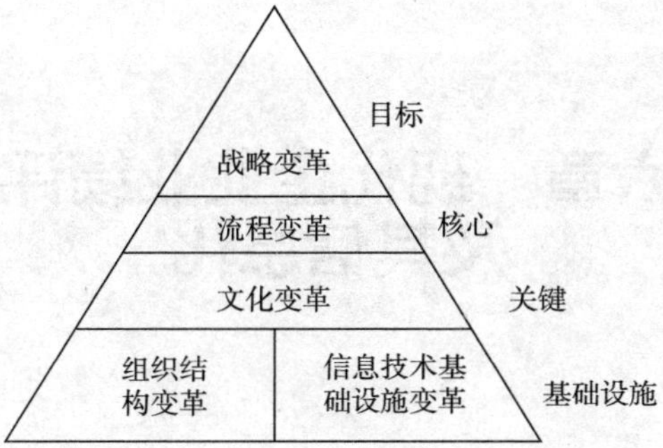

图 5-9　业务流程重组驱动的变革管理模型

第六章　现代企业业绩评价及其信息化

第一节　企业业绩评价的内涵、构成要素与分类

一、企业业绩评价的内涵

（一）关于业绩

根据《现代汉语词典》的解释，业绩包含两层意思：①建立的功劳和完成的事业；②成就。业绩在英文中使用 performance 一词，《韦伯斯特新世界词典》对其的英文解释如下：①正在执行的活动或已完成的活动；②成就，正在进行的某种活动或者取得的成绩。可见，中英文对业绩的理解都强调业绩的结果性，即业绩是种成就。

具体来看，业绩的内涵可以分为两个层面。第一，业绩是以结果为导向的，指在确定的时间内由特定的工作职能或活动产生的产出记录。第二，业绩是以行为为导向的，涉及与组织目标相关、可依据个人能力（即贡献程度）衡量的行动或行为。人们在理解业绩的内涵时，应当将行为和结果相结合。

（二）关于评价

关于评价，它是一个旨在实现特定目的的认识活动，通过采用特定的程序和方法，运用特定指标，依据统一的标准，对客观事物进行全面描述和价值判断。评价分为单项评价和综合评价。单项评价针对特定事

物进行，如评价劳动生产率的高低或净资产报酬率；综合评价则针对更为复杂的事物，例如对企业的经营业绩进行评价。

（三）关于企业业绩评价

企业业绩评价是一个根据企业管理需求而设计的评价指标体系。它依据特定的评价标准，采用具体的评价方法，通过定量和定性的分析，对企业在一定经营周期内的经营效益和经营者的绩效进行综合评价。

二、企业业绩评价体系的构成要素

（一）评价主体和目的

企业业绩评价体系的评价主体指的是参与对企业业绩进行评价的实体，它是评价活动的执行者。只有当评价主体（评价者）和评价目的被明确界定，才能合理地确定评价对象、评价内容和评价方法。

企业业绩评价的产生和发展是为了应对经济活动中的各种矛盾，特别是资产所有者与经营管理者之间，以及政府、其他利益相关方与企业之间的矛盾。根据利益相关者理论，任何与企业有利益关联的个体或团体，如企业所有者、经营者、政府、债权人、供应商、客户等，都可能成为企业业绩评价的主体。由于不同的评价主体具有不同的评价目的，因此评价活动需要根据明确的评价目的来进行。

（二）评价对象

评价对象是企业业绩评价的焦点，指的是评价的对象，通常包括整个企业以及企业内部不同层级的管理者。评价对象的范围是灵活的，由评价主体根据其评价目的来确定。

（三）评价指标

企业业绩评价体系的评价指标是评价过程中用以衡量评价客体表现的具体标准，包括财务业绩定量评价指标和管理业绩定性评价指标。

1. 财务业绩定量评价指标

在企业的财务业绩定量评价体系中，指标被划分为基本指标和修正指标两大类。基本指标主要反映了企业在一定时间段内的主要财务表现，并提供了对财务业绩定量评价的基础结果。修正指标则基于财务指标的差异性和互补性，对基本指标的评价结果进行进一步补充和调整。

具体来看，企业盈利能力指标包括两个基本指标，即净资产收益率和总资产报酬率，以及四个修正指标，即营业利润率、盈余现金保障倍数、成本费用利润率和资本收益率。

企业资产质量指标包括两个基本指标，即总资产周转率和应收账款周转率，以及三个修正指标，即不良资产比率、流动资产周转率和资产现金回收率。

企业债务风险指标包括两个基本指标，即资产负债率和已获利息倍数，以及四个修正指标，即速动比率、现金流动负债比率、带息负债比率和或有负债比率。

企业经营增长指标包括两个基本指标，即营业收入增长率和资本保值增值率，以及三个修正指标，即营业利润增长率、总资产增长率和技术投入率。

2. 管理业绩定性评价指标

管理业绩定性评价指标通常根据评价内容、企业的经营管理实际水平和出资人监管要求等综合考量设定，评价结果一般分为五个等级：优、良、中、低和差。管理业绩定性评价是一个综合性的分析和判断过程。

（四）评价标准

评价标准是用来分析和判断客体表现优劣的参考依据和尺度。企业业绩评价体系中常用的评价标准包括预算标准、历史标准和行业标准等。

（五）评价方法

评价方法是获取业绩评价信息的具体工具和手段，包括沃尔评分法、杜邦分析法、财务报表指标评价法、平衡计分卡法等多种方法。

（六）业绩评价报告

业绩评价报告是业绩评价过程的总结性文件，代表了业绩评价系统的最终结论，是向外界提供的信息输出。

上述六个要素共同构成了一个完整的业绩评价体系，它们之间存在相互联系和相互影响的关系——不同评价主体具有不同的评价目的，这些目的决定了评价对象、指标和标准的选择，进而影响评价报告的具体形式。

三、企业业绩评价的分类

根据评价主体的不同，企业业绩评价可分为政府评价和社会评价两大类。政府评价是由政府相关部门出于资产管理、财务分析、企业监管、人事考核或奖惩等目的进行的评价；社会评价则涵盖母公司对子公司的评价、债权人对债务企业的评价、投资者对潜在投资企业的评价以及企业自身的自我评价等。

企业业绩评价还可以根据评价的主体和目的进行多层次划分，具体来说，可划分为以下四个层次：①投资者对投资对象企业的价值分析。它主要发生在资本市场上，投资者会在投资前进行决策分析，通过市场价格比较来确定投资价值。②政府部门的社会贡献评价。政府部门依据特定指标，如社会贡献率、人均利税率、就业增长率等，进行企业社会贡献的评价。这类评价为投资决策提供补充参考，并影响政府的行业政策和税收政策。③资源提供者对经营者业绩的评价。这类评价主要用于决定经营者的聘任、薪酬计划和企业治理结构，它涉及资源提供者（主要是股东）对经营者（作为代理人）是否达成预期目标的分析。④经营者对内部管理业绩的评价。这类评价指的是企业经营者对内部经营单位的业绩评价，或高层管理者对下属管理层的业绩评价。这四个评价层次各具特点，反映了不同利益相关者对企业业绩的不同关注点和评价标准。投资者的分析聚焦于财务回报和市场表现；政府的评价考虑企业在社会福利、税收贡献和就业创造方面的作用；资源提供者关注经营者的业绩与企业资源的有效利用；而经营者则从内部管理角度出发，关注业务单元或个人的绩效表现。

企业业绩评价体系的发展过程可以根据评价主体的历史发展划分为三个时期：一元评价主体时期、二元评价主体时期和多元评价主体时期。在一元评价主体时期，投资者是唯一的评价主体，其评价主要针对满足自身生产管理需求。进入二元评价主体时期，评价主体扩展至投资者和债权人，此时的业绩评价考虑了这两个主体的利益。多元评价主体时期则更为全面，涵盖投资者、债权人以及管理者、员工、供应商、消费者和政府等多个利益相关者。

从评价指标的角度看，企业业绩评价体系可分为财务模式、价值模式和平衡模式三种。财务模式主要以投资报酬率为核心，强调财务指标的重要性；价值模式以股东财富最大化为目标，主要运用基于未来现金流量的贴现类指标，例如经济增加值等；平衡模式则侧重于战略目标，通过平衡不同指标间的关系以及选取战略性或关键指标，反映企业多方利益相关者的期望，进而实现企业价值最大化。这三种模式各自强调不同的评价维度和方法，共同构成了企业业绩评价的多元化框架。

第二节　企业业绩评价方法

本节介绍两种重要的企业业绩评价方法，即责任中心的业绩评价方法和企业综合业绩评价方法。

一、责任中心的业绩评价

责任中心是企业内部的一种经济责任单位，具备一定的权力和责任。责任中心根据所承担的经济责任和特性可划分为成本中心、利润中心和投资中心。

（一）成本中心的业绩评价

1. 成本中心的概念

成本中心专注于生产和经营过程中的成本或费用，主要任务是监控和评价发生的成本和费用，尤其是可控制的成本部分。这种中心一般不涉及或仅有少量不受考核的收入。成本中心可进一步划分为标准成本中心和费用中心。

（1）标准成本中心。标准成本中心特指那些生产稳定、单位产品所需投入量固定的部门，如制造业中的工厂、车间、工段、班组等。这类中心的特点是产品输出稳定，可以通过财务指标量化，且每种产品的原材料、人工和制造费用的数量与价格标准是确定的。这类中心的考核依据是既定产品质量和数量的标准成本。重要的是，标准成本中心仅对既定产量的投入量负责，而不负责生产能力的利用程度。

（2）费用中心。费用中心是指那些产出难以用财务指标衡量或投入和产出关系不密切的部门，例如行政管理、研发、销售部门等。这些部门的产出难以量化，投入和产出之间缺乏直接的函数关系。通常，对费用中心的考核采用费用预算评价方法，并考虑工作质量和服务水平。

2. 对责任成本进行考核和控制

责任中心的成本分为可控成本和不可控成本两大类。在一个确定的时间框架内，责任中心能够直接管理和影响的成本被定义为可控成本，而它无法直接控制的成本则被归类为不可控成本。所谓责任成本，是指特定责任中心在其责任范围内所产生的全部可控成本。

可控成本的特征包括可预知性、可计量性和可调控性。这意味着责任中心或其负责人能够事先预测将要发生的成本类型和数量，对这些成本进行精确计量，并在其职权范围内对这些成本进行有效控制。重要的是，可控成本需要有一个明确的责任主体。对于某一特定责任主体而言，某项成本可能是可控的，但对于另一主体则可能是不可控的，例如，对于上级单位来说，下属单位的工资可能是可控的，但对于下属单位及其更下层的单位来说，这些工资则可能是不可控的。不可控成本则指那些责任中心无法通过其行为或决策来控制的成本。这些成本的发生不受责任中心直接控制，而是由外部因素或上层决策所决定。

理解责任中心的可控和不可控成本是企业进行有效成本管理和内部控制的关键，有助于明确责任分配，优化资源配置，并提高整体运营效率。对于成本中心而言，其具有只对责任成本进行考核和控制的特点。

（二）利润中心的业绩评价

1.利润中心的概念

责任中心在企业管理中是具备决策权的单位，当责任中心既能控制生产又能决定销售，包括生产种类、生产方式、产品质量、销售价格、销售方式及资源配置等，则称为利润中心或投资中心。区分利润中心和投资中心的关键在于，利润中心无法控制自身的投资水平，此类中心既对成本和费用负责，也对收入和利润负责。

利润中心分为两类：自然利润中心和人为利润中心。自然利润中心直接参与市场交易，从外部市场购买原材料并销售产品，如企业的某个事业部具备独立购买原料、生产和销售产品的能力。相对地，人为利润中心不直接参与外部市场交易，而是在企业内部进行产品买卖，通常以内部转移价格对内部单位销售或由统一销售部门负责产品营销，例如企业的维修、供水和供电部门以固定价格向其他部门提供服务。

利润中心的核心在于负责人拥有选择供货来源和市场销售方式的决策权。对利润中心进行业绩评价的主要目的是激励下属单位有效达成企业目标。虽然某些生产部门也能计算利润指标，但由于它们缺乏广泛的决策权限，因此利润指标并不适用于评价这些部门的业绩。在企业管理中，利润中心的设立和评价是一种策略，用于确保各单位能有效支持企业整体目标的实现，并保持各自的经营效率和盈利能力。

2. 利润中心的评价指标

对利润中心的业绩评价应首先基于利润指标，然后辅以非货币性指标，如生产率、市场份额、产品质量、员工态度和社会责任等。在实施评价之前，关键是明确如何为特定的利润中心确定利润指标和成本分配方式，以及设置合理的内部转移价格。

评价主要涉及三个关键指标：边际贡献、部门可控边际贡献和部门税前经营利润。

边际贡献，即销售收入减去总变动成本，虽重要，但不足以全面反映利润中心的业绩，由于部门经理能够控制某些固定成本，并在固定与变动成本的划分上具有灵活性，仅以边际贡献为依据可能导致经理倾向于增加固定成本支出，同时减少变动成本。

部门可控边际贡献，即边际贡献减去可控固定成本，更准确地反映了部门经理在其控制范围内有效利用资源的能力。部门经理能控制收入、变动成本和部分固定成本，因此对可控边际贡献承担责任。

部门税前经营利润，即部门可控边际贡献减去不可控固定成本，展现了部门在不可控成本下的运营效率。这种综合性指标考量了部门在资源配置和成本控制方面的整体表现，提供了对利润中心业绩全面的评估。

（三）投资中心的业绩评价

投资中心是一种企业内部责任单位，其经理拥有决定产品定价、生产方法以及投资规模和类型的决策权。投资中心的经理既对部门的成本和收入负责，还能控制所使用的资产。对投资中心的业绩评价通常包括投资报酬率、剩余收益和经济增加值等指标。

二、企业综合业绩评价方法

企业综合业绩评价方法包括杜邦分析法、沃尔评分法、经济增加值（Economic Value Added，EVA）法等。这些方法能从多方面分析和评价企业的经营管理状况，有助于确保评价结果的客观性和公正性。

（一）杜邦分析法

杜邦分析法起源于 1919 年，由美国杜邦公司所创立。该方法通过综合考量销售净利率、总资产周转率和权益乘数等多种财务比率及其相互关系，全面分析企业的财务状况。在这一分析法中，净资产收益率的计算公式如下：净资产收益率 = 总资产净利率 × 权益乘数 = 销售净利率 × 总资产周转率 × 权益乘数。这种方法能深入挖掘财务数据背后的经营状况，为企业管理和决策提供有价值的洞察。杜邦分析体系如图 6-1 所示。

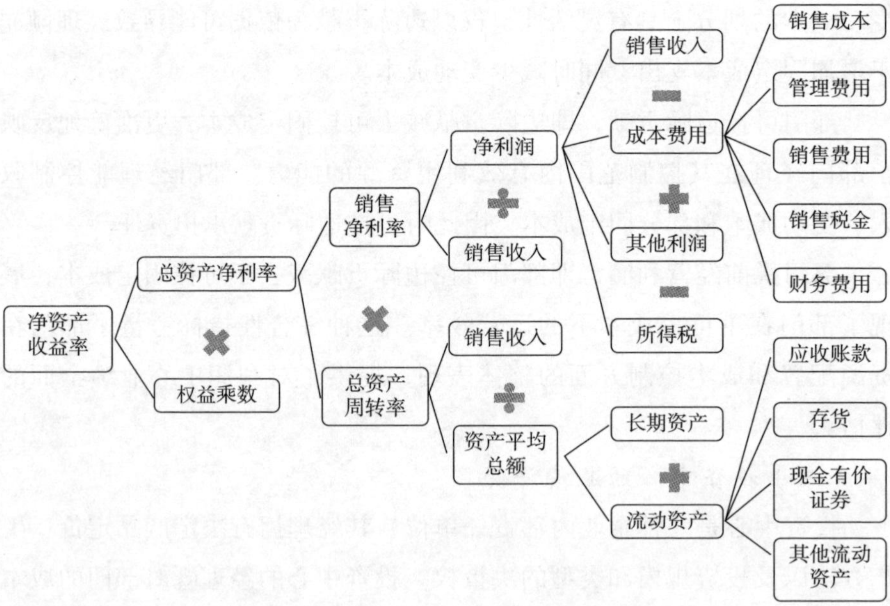

图 6-1　杜邦分析体系

通过图 6-1 可以得出下述结论。

第一，净资产收益率在杜邦分析体系中居于核心地位，它直接展现了股东的获利能力。高净资产收益率则表明股东获利能力强。分解这一指标，可以帮助企业明确影响股东盈利的各种因素及其潜在的提升空间，进而洞察到企业在经营、投资、筹资等方面的经营效率。

第二，总资产净利率是衡量企业资产盈利能力的关键指标，反映了总资产的管理效率。较高的总资产净利率意味着单位资产获利能力较强。企业的成本、费用及资本结构对总资产净利率的高低有显著影响。

第三，权益乘数揭示企业资本结构的合理性，是所有者权益与企业总资产的倒数，与资产负债率紧密相关。权益乘数高表明企业主要通过债务融资。适当的杠杆作用可以为股东带来收益，但过高的权益乘数增加企业财务风险。企业需根据自身及行业特点，将权益乘数维持在合理范围内，合理利用债务经营。

第四，销售净利率是企业净利润与销售收入的比例，反映了企业盈利能力。提升销售净利率需从扩大市场份额以增加营业收入和降低成本费用以提高利润两方面着手。

第五，总资产周转率展示了企业资产的运用效率。较高的周转率表明资产利用效率高。企业可以通过改善应收账款管理、减少坏账、合理管理存货和固定资产等措施来提升资产周转率。通过这些手段，企业既能减少不必要的损耗，还能提高资产使用效率。

（二）沃尔评分法

1928 年，作为财务状况综合评价的先驱者之一亚历山大·沃尔（Alexander Wole），在他出版的《信用晴雨表研究》和《财务报表比率分析》中，提出了信用能力指数的概念。该概念把流动比率、负债权益比率、固定资产比率、应收账款周转率、存货周转率、固定资产周转率、自有资金周转率七项财务比率，用线性关系结合起来，并分别给定各自的分数比重 25%、25%、15%、10%、10%、10%、5%，总和为 100 分。然后确定标准比率（以行业平均数为基础），将实际比率与标准比率相比较，确定多项指标的得分及总体指标的累计分数。若实际得分大于或接近 100 分，则说明财务状况良好；反之，若相差较大，则说明财务状况较差。该方法即沃尔比重评分法，简称沃尔评分法。

沃尔综合评分表如表 6-1 所示。

表 6-1　沃尔综合评分表

财务比率	比重（%）①	标准比率②	实际比率③	相对比率④=③/②	综合系数⑤=①×④
流动比率	25				
负债/所有者权益	25				
固定资产/资产	15				
应收账款周转率	10				
存货周转率	10				
固定资产周转率	10				
自有资金周转率	5				
合计	100				

沃尔评分法在进行企业业绩评价时遵循一系列步骤。

第一，指标的选定。该步骤需要挑选出能全面反映企业经营管理能力的综合性指标，如盈利能力、营运能力、偿债能力等，确保所选指标能全面描绘企业的经营状况。

第二，各指标权重的确定。这一步骤需考虑指标在企业经营管理中的影响程度以及企业特点、行业特性、评价目的和主题等因素。

第三，确定标准值。这通常依据国家或特定行业在特定时间内的相关指标和标准来设定，一般以行业平均值作为参考。

第四，计算企业各项指标的实际值。根据企业实际的财务报告来进行。

第五，计算相对比率。其公式如下：特定财务指标的相对比率＝该指标实际值/该指标标准值。这一步骤有助于准确评估企业在各个方面的业绩表现。

第六，确定综合系数。各项财务指标的相对比率乘以权重，得到各个指标的得分，再将其相加就能得到企业的综合系数，其公式如下：综合系数 =Σ 各项指标的得分 =Σ（各项指标权重 × 该指标的相对比率）。

第七，确定企业的综合业绩评价结果。这种方法通常设定 100% 或接近 100% 的综合系数为企业经营状况良好的标准。如果企业的综合系数明显低于 100%，则被视为经营状况不佳。

虽然沃尔评分法提供了一种综合评价企业业绩的框架，但其只包含七个指标，且缺乏对这些特定指标选择以及比重确定的解释，因此仅依靠这七个指标全面判断企业的经营状况是否良好，其准确性和全面性仍需进一步验证。

（三）经济增加值法

近年来，众多企业越来越倾向于从价值创造的视角来评估业绩，其中经济增加值已成为重要的内部业绩指标。经济增加值建立在经济利润的概念上，其核心目标是实现股东价值的最大化。它的计算方法包括将所有运营费用、债务资本成本和权益成本纳入成本考量，用于判断企业是否为股东创造了价值以及资本是否得到保值增值。

同时，市场价值增加值主要用于从外部角度对上市企业进行整体评估。市场价值增加值的计算公式如下：市场价值增加值 = 企业市值 - 总资本。

虽然市场价值增加值可以反映股东财富的增长情况，但它仅限于对企业整体的外部评价，无法深入企业内部的细节业绩评估中。因此，经济增加值作为内部业绩评价指标与市场价值增加值的关联密切，共同为评估企业业绩提供了全面的视角。

1. 经济增加值的计算

经济增加值的计算公式如下：经济增加值 = 税后净营业利润 - 资本成本 = 税后净营业利润 - 资本占用额 × 加权平均资本成本率。

经济增加值的计算依赖于三个关键要素（见图 6–2）：税后净营业利润、资本占用额和加权平均资本成本率。税后净营业利润体现了企业的盈利能力，资本占用额是指企业所投入的债权资本和股权资本的总和，而加权平均资本成本率则是企业不同来源资本成本率的加权平均值，反映了企业资金成本的整体水平。

加权平均资本成本率的计算公式如下：加权平均资本成本率 = 股权资本市场价值所占比例 × 股权资本成本 + 债权资本市场价值所占比例 × 债权资本成本 ×（1– 所得税税率）。

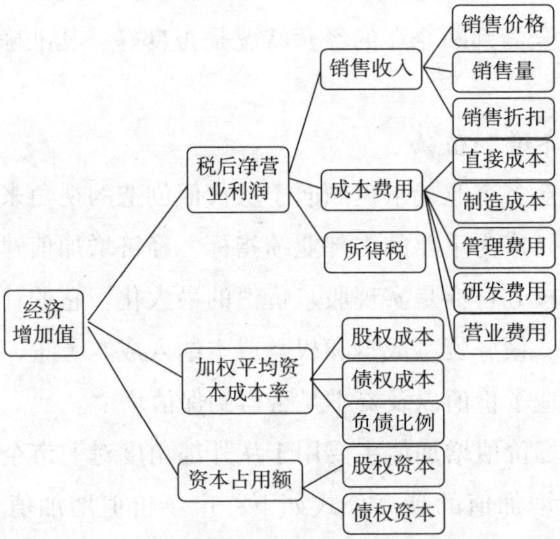

图 6–2　经济增加值构成

经济增加值的概念基于剩余利润或剩余收益的观念，强调收益率超过加权平均资本成本率的重要性。对企业而言，只有当收益率高于资本成本率时，企业才实现增值。对股东来说，资本收益率超过全部资本成本率才能获得收益。

企业增值的三个主要途径包括：一是增加利润，即选择那些预期投资收益率高于资本成本率的项目；二是提高资金使用效率，加快资金周转；三是通过内部融资等方式降低资本成本。

2. 税后净营业利润和资本占用额

（1）税后净营业利润。税后净营业利润是一种衡量企业整体盈利能力的指标，反映了企业所有资本投资的税后收益，而不考虑资本结构的影响。这个指标等于税后净利润加上利息支出部分，如果在计算税后净利润时已经扣除了少数股东权益，则需要将这部分加回。另一种计算方式是将销售收入减去所有经营成本和费用（除利息支出外）以及所得税之后的余额。为了得到税后净营业利润，通常需要对利润表进行一系列调整，具体过程可以参考表 6-2。

表 6-2　会计净利润与税后净营业利润的对应关系

营业收入		营业收入
－运营成本		－运营成本
－营业税金及附加		－营业税金及附加
+（－）公允值变动损益		+（－）公允值变动损益
+（－）投资收益		+（－）投资收益
－资产减值损失		
－销售费用	会计调整→	－销售费用
－管理费用		－管理费用
－财务费用		
+营业外收入		
－营业外支出		
－所得税费用		–EVA 所得税费用
=会计净利润		=税后净营业利润

（2）资本占用额。资本占用额是企业运营中投资者所投入的所有资金的账面价值的总和，包括债权资本和股权资本。具体来说，债权资本不涉及不产生利息的商业信用负债，例如应付账款、应付票据和其他无息应付款项等。股权资本则包含普通股和少数股东权益。在计算资本占用额时，需要对资产负债表进行调整，如表 6-3 所示。这主要涉及以下几方面的调整项目。

无息流动负债需扣除：无息流动负债是指那些短期内不需支付利息的负债，如应付账款、应付职工薪酬和无须支付利息的应付票据等。由于这些负债实际上并不占用企业的资金，因此在计算资本占用时应予扣除。

在建工程需特别考虑：在建工程代表企业对未来发展的投资，但在当期尚未产生收益。若将在建工程计入资本占用额，可能导致管理者因考虑其对业绩考核的影响而减少对在建工程的投资，这对企业长期发展是不利的。

资产减值准备应加回：资产减值准备是按照财务谨慎性原则所作的预备，其实并不构成企业的真实损失。在计算资本占用额时，应将这部分资金加回。

非经常性收支处理：企业的营业外收入和政府补助等非经常性项目，可以视为企业偶然的收支。这些项目相当于对企业正常运营资金占用的机会成本，在计算资本占用额时，应将非经常性支出加回，非经常性收入扣除。

表 6-3 资产负债表中总资产和资本占用额之间的对应关系

货币资金		货币资金
应收账款净额		应收账款净额
存货净额		存货净额
……		……
流动资产总计		流动资产总计
		－无息流动负债 ＝净营运资产
长期投资	会计调整→	长期投资
固定资产		固定资产
－固定资产减值准备 ＋在建工程		
固定资产总计		固定资产总计
无形资产及其他资产		无形资产及其他资产
		－累计税后营业外收入 ＋累计税后营业外支出
资产总计		资本占用额

3. 经济增加值价值管理体系

经济增加值价值管理体系如图 6-3 所示。

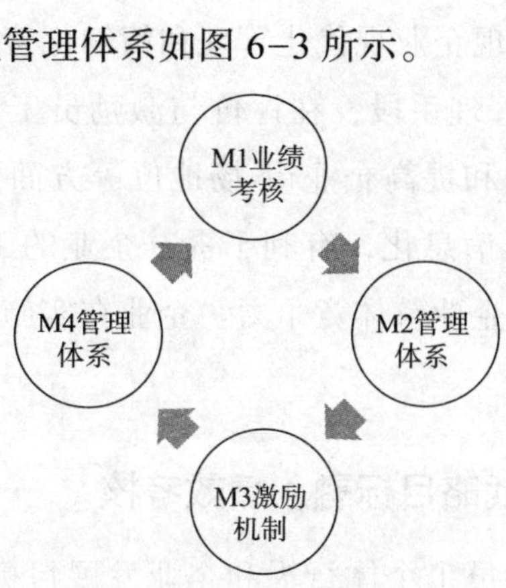

图 6-3 经济增加值价值管理体系

（1）M1——业绩考核（Measurement）。以企业持续价值增长为目标，从股东的利益出发，综合考量各项经营成果。

（2）M2——管理体系（Management）。涵盖战略规划、资本分配、并购或撤资的评估以及年度计划制订等关键管理决策。

（3）M3——激励机制（Motivation）。将管理层和员工为股东创造的价值与激励措施相联系，旨在实现长期的价值增长。这一激励机制通常包括基础薪酬、年度奖金、中长期奖金和股票期权等，以保障股东、经营者及企业的长期发展利益。

（4）M4——理念体系（Mindset）。经济增加值的核心理念能够促使企业各部门围绕价值创造目标展开工作，减少部门间的分歧和隔阂，优化企业治理结构，形成股东、管理层与员工间的有效价值创造链条。

整体来看，经济增加值的价值管理体系强调全方位的管理决策、激励机制和理念体系，以确保企业在创造长期价值的同时维护各方利益的平衡和协调。

第三节　企业实施业绩评价信息化的策略

企业信息化是实现企业现代化管理和精细化管理的有效手段。业绩评价作为一种企业 管理手段，在评价与激励员工、增强企业活力和竞争力、促进企业发展和提高企业市 场地位等方面发挥着至关重要的作用。对业绩评价实施信息化，有利于提升企业的工 作效率、提高内部管理创新能力、增强企业整体竞争力。企业在实施业绩评价信息化时可采取以下策略。

一、确保企业战略目标融入绩效考核

绩效考核是连接员工个体行为和企业发展目标之间最直接的桥梁，

因此绩效考核对于员工的行为具有很强的导向作用。企业可以将战略目标融入绩效考核，通过信息化管理不断提高全员绩效考核的工作效率和工作质量，根据绩效考核结果决定奖罚的对象及等级，激励先进、鞭策后进，做到奖罚分明。这有利于提高员工工作积极性，促进其出色地完成组织目标，确保企业的战略目标得以实现。

二、选择合适的业绩评价方法

企业应根据自身实际情况选择合适的业绩评价方法。例如，在单纯评价财务业绩时期，业绩评价是以股东价值为评价标准的，与之相适应的是一套财务指标体系。在多元化业绩评价时期，业绩评价是以顾客价值为评价标准的，与之相匹配的是一套综合指标体系。在日趋发展的战略业绩评价时期，业绩评价标准是以利益相关者的价值为取向的，与之相匹配的是基于利益相关者价值取向的战略业绩评价方法。

三、注重业绩指标的全面性

企业不只要关注财务指标，还要关注非财务指标。企业应注意评价指标的全面性，以全面评估员工的贡献和企业的发展情况。

四、根据情况及时对业绩指标做出调整

业绩指标需要根据环境和条件的改变而变动，如技术环境、组织环境、员工技能等。同时，标准指标可以在一定幅度内变动。

五、加强数据分析能力

企业应加强对业绩数据的分析，以优化业务流程、提高工作效率、发现市场机会、提高客户满意度，同时做好内部的奖惩工作。

第七章　现代企业档案管理及其信息化

第一节　企业档案工作概述

一、企业档案的概念及特征

（一）企业档案的概念

企业档案可以简单地理解为企业在其日常运营、生产、研发等多方面活动中直接生成的、用于存档备查的各类记录。这些记录以文本、图表、音视频等多样形式存在，反映了企业的多方面功能和活动。

（二）企业档案的特征

1.记录企业的职能活动

企业档案涵盖了企业的全方位职能活动，记录了这些活动的成果和全过程。企业档案内容包括财务、人力资源和管理等领域，呈现出内容的复杂性和多样性。企业档案反映的是已完成的职能活动，为企业提供了宝贵的历史信息和决策依据。

2.是由企业直接形成的

企业档案是企业活动中直接形成的原始记录，这种第一手的资料区别于事后编制的文档，赋予了企业档案独特的凭证价值和可靠性。企业档案的原始性使其成为验证企业历史和决策的关键依据。

3. 具有保存备查价值

并非所有文件都能成为企业档案，只有那些具有长期保存和备查价值的文件才被转化为档案。这种选择性确保了档案的重要性和有效性。

4. 载体形式多样

除了传统的纸质文件，档案可以有照片、音频、视频等多种形式。这些特殊载体的档案以及一些实物形式的资料，如证书、奖杯，也被视为企业档案的重要组成部分。

二、企业档案的种类

企业档案的划分标准有很多，可以按照来源、形式、活动等标准进行划分。在实际应用中，为了对企业档案进行更好的管理，一般按照档案内容把企业档案划分为管理类档案、科技档案、专业档案，如图 7-1 所示。

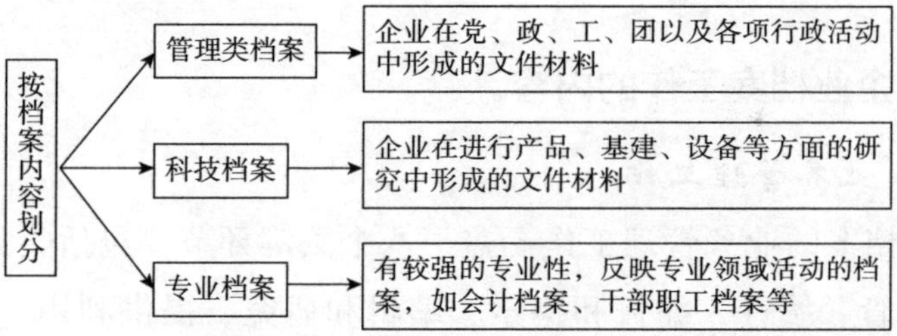

图 7-1　按内容划分企业档案

“十大类”划分法（见图 7-2）是根据企业档案的内容和对应的职能活动对企业档案进行划分的，虽然按内容分类时存在类别交叉的问题，但能够较为精确地指导企业活动。这种方法将企业档案细分为十个主要类别，每个类别对应企业中的不同职能领域。它便于管理和检索，也能更好地服务于企业的日常运营和决策过程，使档案分类更具系统性和实用性。

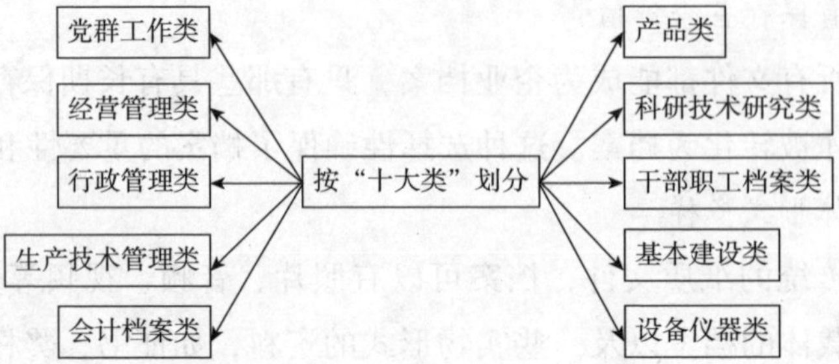

图 7-2　按“十大类”划分企业档案

随着企业不断发展和其职能活动的日益细化，新的档案类别持续出现，使档案分类方法需要不断地更新和完善。企业档案作为企业活动的历史记录和“再现”，涵盖了众多领域的信息，对企业产生重要影响，并有助于保护企业的经济和法律利益。企业档案一方面是优化和改进管理的关键工具，另一方面为企业职能活动的创新提供了参考。通过分析和利用档案内容，企业能够获得宝贵素材来丰富和塑造企业文化。

三、企业档案工作的内容

（一）业务管理工作

企业档案的业务管理工作涵盖了八个关键环节，包括收集、鉴定、整理、保管、统计、编目和检索、编辑和研究、提供利用，如图 7-3 所示。这些环节分为基础管理和信息开发两大类。其中，基础管理确保档案管理的基础性和保障性工作，而信息开发则利用这些基础工作的成果，实现研究和利用功能。

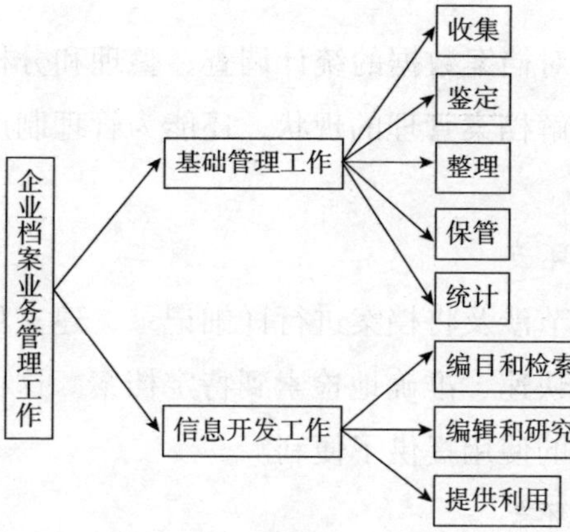

图 7-3　企业档案业务管理工作的内容

1. 收集环节

收集环节是企业档案管理的起始点，涉及将企业运营过程中产生的重要文件按照法律法规和内部规定收集起来。为了提高收集效率，建议在文件生成阶段就开始进行控制，以确保收集工作的顺利进行。

2. 鉴定环节

鉴定环节是对档案价值的初步和再次评估。初始鉴定发生在档案最初被接收时，这一阶段决定档案的保留期限，随后的再次鉴定则在达到预定保存期限时进行，这一阶段决定继续保存或销毁档案。

3. 整理环节

整理环节主要包括对收集来的档案进行分类、排列和编目等工作，依据企业制定的相关制度或办法，将档案组织成有序的结构，方便后续的检索和利用。

4. 保管环节

保管环节则是对整理好的档案进行妥善保管，包括选择适宜的保管方式和确保档案的安全。这一环节的目的是确保档案不受损害，同时保障档案信息的安全。

5. 统计环节

统计环节涵盖对档案数据的统计调查、整理和分析。这一过程不仅有助于企业全面了解档案管理的现状，还能为管理制度的制定提供数据支持。

6. 编目和检索环节

编目和检索环节涉及将档案进行详细记录，建立目录，并进行标引和组织，以便能够快速、准确地检索到特定档案。这可以提高档案管理的效率，也为日后的使用提供了便利。

7. 编辑和研究环节

编辑和研究环节是对存储的档案进行深入分析和研究，以输出有价值的信息。这一环节的核心是将档案转化为对企业决策和管理有实际指导意义的信息资源，同时增强档案工作的科学性和系统性。

8. 提供利用环节

提供利用环节是档案管理的最终目的所在，即将整理和保管好的档案信息开放给企业内部或外部用户，使之发挥更大的价值。此环节的实现，标志着档案管理工作的成功。

在信息化快速发展的当下，电子档案的比例在企业档案中不断增加，档案数字化成为显著趋势，并且档案的网络化服务日益成为一种流行趋势。

（二）行政管理工作

企业档案管理工作在行政管理中发挥着重要作用，涵盖统筹规划、组织协调、统一制度制定及监督指导等多个方面，表现出管理性、服务性、专业性和保密性的特征。

1. 管理性

企业档案工作是基础管理活动的一部分，属于标准化、规范化的范畴。它与职能性管理工作（如生产、研发）不同，更注重对企业运作标准和规范的维护。企业档案工作也是信息管理的重要组成部分。随着科技信息时代的到来，信息资源变得日益重要，而企业档案是重要的信息资源。企业档案提供的真实、原始且有价值的记录，对企业做出高效的生产经营决策提供了必要的信息支持。

企业档案管理工作在决策管理中同样占据重要地位。档案在许多情况下会影响企业决策。企业需要制定相应的策略，确保档案管理人员能够有效地参与企业的决策管理，以促进企业的整体发展和进步。

2. 服务性

企业档案工作的服务性质在《企业档案工作规范》（DA/T 42—2009）中得到了明确的体现——企业档案工作在企业的研发、生产、经营和管理等各个方面提供了有效的服务支持。这种服务性在以下两个方面表现得尤为明显。

第一，企业档案工作的本质在于为企业的各项活动和管理提供必要的信息支撑和参考依据。无论是日常运营还是战略决策，企业档案都能提供关键信息，确保管理与运作的连贯性和有效性。

第二，企业档案工作的执行方式本身具备辅助性质。与其他直接负责生产或经营的部门不同，企业档案部门更多地在幕后发挥作用，通过提供信息和历史数据，辅助企业进行更科学、合理的决策。虽然档案工作并不能直接带来经济效益，但它通过间接方式为企业的长期发展和决策制定提供支持，进而帮助企业实现知识积累和经济效益的增长。

3. 专业性

企业档案工作的专业性主要体现在以下两个方面。

第一，在管理对象上，企业档案工作专注于档案本身，而这些档案包含了企业各项活动的详尽记录，具有特殊性和专业性。这些档案除记录了企业的历史外，还是理解和分析企业当前状况的关键。

第二，在管理方法上，企业档案工作展现出明显的专业性。这不同于一般的职能管理，企业档案管理拥有一套独特的管理原则和专业理论体系。这些原则和体系指导着企业档案的整理、保管、利用等各个环节，确保了档案的有效管理和使用。

由此可见，企业档案工作不仅是一项专业的工作，而且在理论和实践层面上都显示出其专业性。这种专业性也导致了企业档案工作与企业的其他职能性管理和基础性管理工作存在明显的区别。

4. 保密性

企业档案中常常包含着企业的商业秘密和重要信息，对于这些信息的保密措施至关重要。在某些情况下，企业档案甚至涉及国家机密，这就进一步强调了保密措施的重要性，以确保企业和国家利益不受损害。

四、企业档案工作的原则

企业档案工作的原则一般有以下几种。

（一）集中统一管理、分级负责

企业档案工作遵循的原则之一是集中统一管理和分级负责，这是确保档案工作有效运行的基础。

（1）依据法律法规或政策，国家相关档案行政管理部门负责制定档案工作的方针政策及发展规划。这涉及企业档案工作的标准和业务规范，旨在全面规划和统筹企业档案工作，确保其按照统一标准进行。

（2）各级专业主管部门对所属企业的档案工作执行监督和指导角色。它们根据各企业的具体情况，制定并执行相关的档案工作规章制度，保证档案管理的有效性和适应性。

（3）企业内部需要明确档案部门的职责，对企业内的档案工作进行统一领导和归口管理。通过建立统一的管理制度和业务标准，企业档案部门对各部门或子公司的档案工作进行指导和监督，使整个企业的档案工作更加规范和高效。

遵循这一原则，能够保证企业档案工作在各个层级上得到有效管理和执行，同时确保企业档案管理的一致性和标准化，从而为企业的各项职能活动提供优质、有效和价值高的档案服务。

（二）确保企业档案的完整性和安全性

确保企业档案的完整性主要涉及两个关键方面：收集齐全和整理系统，如图 7-4 所示。首先，要尽可能收集企业活动中产生的所有有价值的文件和资料，包括对企业的各种职能活动产生的文件进行彻底的搜集，不遗漏任何可能有用的信息，以完整反映企业活动的原始面貌。其次，系统整理这些收集来的档案，按照一定的规则和标准进行分类、编目和存储，以便于未来的检索和使用。

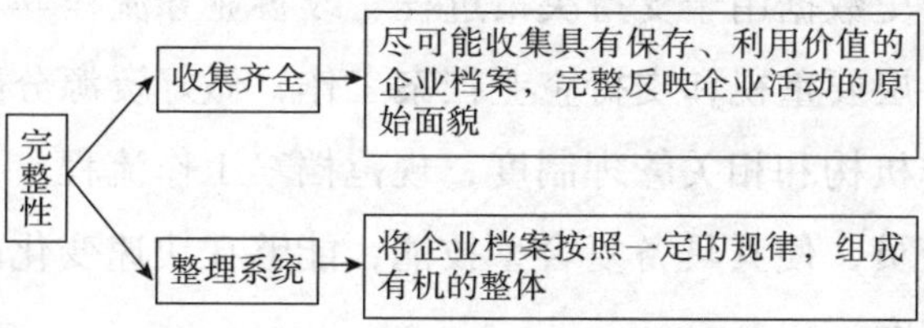

图 7-4 企业档案的完整性

企业档案的安全性包含两个重要方面：实体安全和信息安全。实体安全指通过管理或技术手段，保护实体档案免受损害，延长其保存寿命；而信息安全则关注于保护档案内容不被泄露，确保企业敏感信息的机密性。

（三）对企业档案进行有效利用

企业档案的有效利用是其工作的最终目标。对企业档案的有效利用，能够衡量和检验企业档案管理的成效，还有助于实现档案价值的最大化。有效地利用企业档案，如利用历史数据支持决策、参考过往案例改进流程等，是支持企业档案部门持续发展的关键。

五、企业档案工作的目标

企业档案工作在实践活动中具有双重重要性：一方面，它能够维护企业权益，提升企业竞争力；另一方面，它是国家档案资源的一部分，既要做好保密措施又要进行合理利用。为了有效执行这些任务，企业需要重点关注以下几个方面。

（1）遵循国家法律法规与政策。企业应遵循国家关于档案工作的相关政策、法律和法规，以保证档案管理的科学性和合法性。这包括对企业档案进行标准化管理，确保所有档案活动符合国家规定和标准。

（2）开发档案信息资源。企业应积极开发和利用档案信息资源，制定长远规划，满足国家和企业对档案资源的需求。这涉及对档案的知识管理，如将历史数据用于支持决策过程、改善业务流程等。

企业领导层要重视和支持企业档案工作，做好资源分配。要建立专门的档案工作机构和相关管理制度，规范档案工作流程。要培养高素质的档案管理人员，使其具备复合型技能，能够在快速变化的信息化环境中高效管理档案。

在信息化时代背景下，利用先进的信息技术对档案进行收集、整理和保管，可以显著提高档案工作的效率和质量。企业档案管理应向科学化、信息化、集约化方向发展，以实现资源的最大化利用，这既是企业档案工作面临的挑战，也是其档案工作的目标（见图 7-5）。

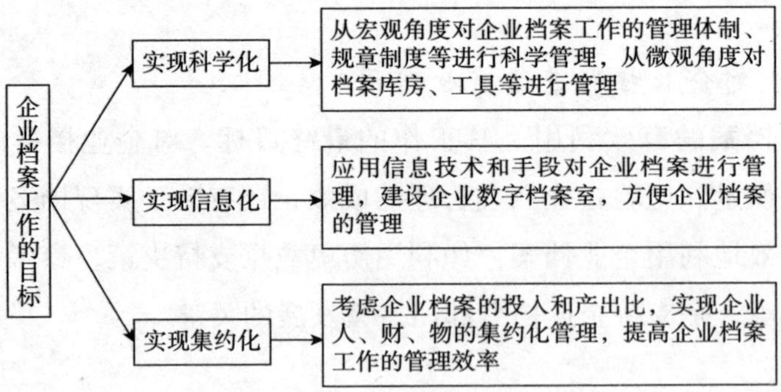

图 7-5　企业档案工作的目标

第二节 信息化对企业档案管理工作的影响

一、企业档案主体向电子文件转变

在信息化建设之前，企业档案主要以纸质形式存在，其管理要求企业投入大量的人力和物力进行维护，如定期清洁和防虫处理等。这种管理方式虽然传统，但在维护和存储方面相对耗费资源。

进入信息化时代，企业档案管理面临着显著变化，电子文件日益普及，逐渐成为档案的主导形式。在企业的生产、经营和管理活动中，电子文件的使用不断增加，它们逐渐取代了纸质文件，有效推动了企业档案管理向信息化和数字化转型。

与纸质文件相比，电子文件的特性如下：它们具有不稳定性、非永久性、流动性、可变性，以及动态性和交互性，如图 7–6 所示。这些特点使电子文件的管理方式与传统纸质档案截然不同，给企业档案管理带来了新的挑战和机遇。企业需要适应这种转变，采用新的技术和方法来高效管理这些日益增多的电子文件。

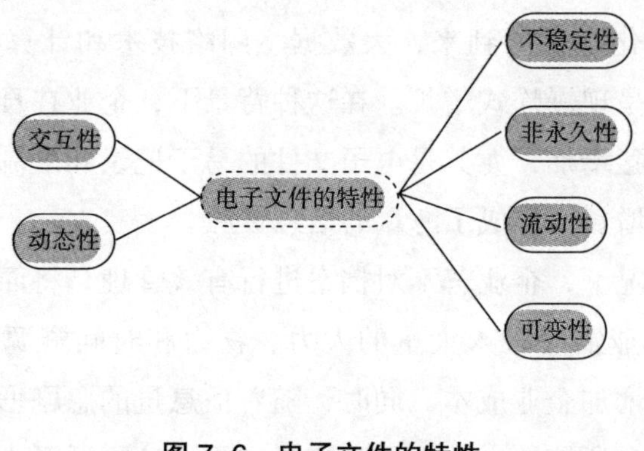

图 7–6 电子文件的特性

企业电子文件作为企业职能活动的动态信息集合，在形成、存储、传输和管理方面虽具优势，但也存在明显的不足。这些不足主要体现在以下几个方面。

第一，对计算机系统的依赖性。电子文件的存储、识别和查询等核心功能均依赖于计算机系统。没有计算机系统的支持，电子文件就无法被有效管理，其价值也无法得到充分发挥。

第二，信息的真实性和有效性难以保障。电子文件的易变性意味着在传输或形成过程中可能丢失关键信息，这使企业的记忆可能出现缺失，影响文件的有效性。同时，电子文件易被修改且修改痕迹不显著，因此其真实性难以得到确保。

第三，与实体文件的联系难以追踪。在实体文件数字化成电子文件的过程中，往往难以追溯和考察两者之间的直接关联，这限制了对电子文件背景、深层信息和知识的深入挖掘，影响了文件的完整性和深度。

第四，电子文件能够集成文字、图形、声音等多种档案信息，展现出强大的集成性。这一特点对管理技术提出了较高要求，需要专业技术人员进行精准处理，以确保信息的完整性和准确性。所以，对电子文件的管理既是技术挑战，也是专业能力的考验。

二、企业档案数量与日俱增

随着信息化时代的到来，大数据、网络技术和计算机技术广泛应用，信息资源呈现爆炸式增长。在这种背景下，企业在日常运营中生成的文件数量迅猛增加，尤其是电子文件的易于记录和复制特性，使文档数量呈几何级增长，形成了海量的信息资源。

在这种情况下，企业若不对档案进行有效管理，将面临信息过剩的局面，导致企业需要投入大量的人力、物力和时间资源来保存这些文档，进而显著增加企业成本。同时，随着信息量的急剧增加，有效信息往往被无效信息所掩盖，无法得到充分利用，这降低了人们对企业档案信息资源的利用效率，并增加了从大量档案中提取有价值信息的难度。面对如此庞大且无序的企业档案信息，企业需要考虑如何有效利用这些档案资源。

对企业档案工作人员而言，他们需加强自身的文件鉴定能力和档案知识，以便能快速有效地从众多文件中筛选出真正有用的档案文件，在尽可能少的文件数量中保存最大的信息价值。在传统的企业档案鉴定方法中，工作人员需逐份检查并鉴定文件内容，以评估其价值并决定是否收集。但是，随着档案信息的激增，这种方法无疑会给工作人员带来巨大的工作量。

解决这一问题的有效途径是运用现代信息技术，来帮助企业档案工作人员筛选出有价值的企业档案，从而降低人工操作的负担。利用现代技术手段来处理和管理企业档案，既可以提高工作效率，也有助于企业更好地管理和利用这些宝贵的信息资源。

三、企业档案工作模式的转型

随着企业档案工作的深入，信息化建设已成为其主要趋势和发展方向。以下两个方面是企业档案信息化建设的核心内容。

（一）企业档案信息的集成管理

企业档案的信息化管理逐渐向集成管理转型。在这一过程中，企业面临的主要问题包括：首先，由于不同部门各自独立的系统拥有不同的数据标准和结构，企业档案的整理、分类变得复杂，容易出现“信息孤岛”。其次，为了实现企业档案管理的信息化，企业需要解决信息系统多样化的挑战。这要求企业针对不同信息系统中的文件进行有效的收集、归档和整理。

（二）企业档案信息的开发和利用

信息化建设的目标在于实现档案信息资源的开发和利用，为企业的各项生产活动提供及时有效的服务。当前，许多企业尚未充分挖掘企业档案信息的潜在价值。在信息化时代，信息资源的重要性日益凸显，它已经成为企业不可或缺的生产要素和无形资产，对企业竞争力有着重大影响。企业通过有效掌握信息资源，可以在激烈的市场竞争中获得优势。因此，企业应深度开发档案信息资源，在各个环节提高信息资源的开发和利用效率，提升企业的竞争能力并获得经济效益。

四、企业档案保密安全性的转变

信息化时代对企业电子档案提出了新的挑战，尤其在信息安全性和长期保存方面。相较于传统纸质档案，电子档案在知识产权保护和持久性存储方面存在一定的不足。企业信息化建设的推进意味着信息化管理系统的实施，该系统能更有效地管理电子档案，将其整合进系统之中。然而，这一过程中不可避免地会面临档案信息的安全问题，主要体现在信息的安全保护和长期保存两个方面。

为了加强电子档案信息的安全性，企业需要采取措施防止信息泄露，并对档案信息进行严格管理，确保电子文件和档案能够长期保存。实现电子档案信息长久和安全保存的关键在于建立电子档案载体的异地安全保管机制，并构建安全可靠的电子文件归档系统。保证电子档案在网络传输过程中的信息安全，对于保护企业核心数据和信息资源也至关重要。通过多种安全措施，企业可以有效地维护其电子档案的完整性和安全性，保障企业信息资源的长期利用和安全管理。

第三节　企业实施档案管理信息化的策略

一、档案信息资源开发的策略

企业档案信息资源的开发和利用始于档案的源头管理，这是确保档案质量和有效利用的关键所在。企业需从档案产生的初始阶段就进行严格的管理，包括对档案进行科学的整理和保管，遵循档案的规范性和质量要求。这样的做法有助于形成一种良性循环，使档案信息资源的开发和利用更加顺畅。同时，企业应重视档案信息资源的储备工作，确保有足够的档案信息资源可供使用，这意味着扩大档案信息资源的收集范围，对这些资源进行统一的规划和建设，确保资源的丰富性和多样性。此外，企业应制定严格的档案管理制度，并配备专业的档案管理人员。

在企业档案信息资源的开发过程中，企业档案部门应全面了解并紧密关注企业的核心运营和重点项目，有计划、有目的地对档案信息进行开发，这既要基于当前的业务需求，还要预见未来发展趋势和方向，据此制定出切合实际的档案开发利用方案。这样的做法可以确保档案信息服务于企业的核心业务，并为企业未来的战略规划提供支持。

要实现企业档案信息的有效开发和利用，企业需做好物质支持工作，并根据技术发展状况，对企业的信息系统及时进行更新。

二、构建企业档案信息开放中心

（一）构建企业档案信息开放中心的必要性

在信息化时代背景下，随着互联网和计算机技术的普及，电子文件已在文档管理领域占据主导地位。这些文件易于传输、存储和管理，对企业各方面产生了深远影响。建设企业档案信息开放中心，对于提高档案管理效率、加强档案信息资源的利用至关重要。档案工作的真正目的在于为企业提供高质量的档案服务，提供有价值的档案信息，提升企业档案的利用率。为了实现这一目标，为档案用户提供一个优质的档案信息获取渠道至关重要，而建立企业档案信息开放中心正是实现这一目的的关键所在。

（二）构建企业档案信息开放中心的策略

1.加大档案文件的开放力度

对于可公开的档案文件，企业应对外提供相应的利用服务。这既响应政府公开档案信息的号召，又能拓宽企业档案部门的服务范围，对企业发展具有重要意义。可以采取以下具体做法。

第一，放宽档案查询的时间范围限制。例如，员工需要查询过往档案时，企业应尽可能提供更广泛的信息资源，如公开历史档案以满足员工的学习或利用需求。

第二，利用信息技术便利化员工的档案查询。举例来说，员工可以通过登录企业网站进入内部网络，轻松查询所需档案。现代技术的运用不仅提高了查询效率，还使查找过程更为便捷。

扩大档案文件的开放，可以使已公开的档案得到更广泛的利用，还有助于规范档案公开制度，推动更多档案的开放。

2.丰富企业档案开放利用方式

企业可以开发网上档案查询平台，让档案利用者通过互联网轻松获取所需档案信息，这样做扩大了服务窗口，也提高了服务效率。例如，可以通过电子邮件方式发送档案文件，或通过数据库检索系统使用户能够迅速定位所需档案资料。此外，建立专门的档案网站，发布相关信息，也是提高档案利用率的有效方式。在实施这些措施时，企业需要注重用户体验，确保档案服务的人性化。无论是网站界面设计还是档案信息的选取与发布，都应考虑到档案利用者的实际需求和操作便利性，确保档案服务不仅高效，还易于访问和使用。通过这些改进，企业可以有效丰富档案开放利用的方式，使档案利用者更加方便地接触和使用档案资源。

3.提升企业档案开放利用的效率

为进一步提升企业档案开放利用的效率，企业可以采取以下措施。

第一，利用档案原件或复制品，系统地收集和整理档案的原始信息，创建“档案产品”，以满足员工和公众的多样化需求。

第二，推进档案数字化进程。将纸质档案资料转录至电脑，构建档案数据库，并采用科学合理的检索系统，以增强档案查询的全面性和精准性。这一措施可以加快档案查询速度，提高企业档案管理的效率。

第三，通过网络技术，连接不同企业部门的数据库，整合企业档案管理系统，建设多样化的档案开放式服务渠道。

4. 做好档案开放利用的保密工作

当企业着手于档案的开放和利用时，保障档案的安全性及保密性是一个不可忽视的方面，这意味着在档案公开的同时，企业要严格遵循保密原则，以确保不会因公开而损害档案的保密性。企业档案部门的工作人员需要负起责任，始终坚持档案的保密工作，增强对保密重要性的认识，并遵循保密与公开并行的原则。

在建立企业档案信息开放中心的过程中，企业应当遵守《中华人民共和国档案法》等法律法规。企业要构建完善的档案管理体系，重点关注档案的开放利用。为了让档案资源得到广泛应用并提高利用率，企业应不断完善档案的利用制度、开放制度，并简化利用程序。在开展档案开放利用工作中，企业还需利用现代科技和方法，持续优化档案服务的方式和手段，提升工作效率，以适应时代的发展，从而促进企业的持续发展和进步。

三、深层次编研企业档案

（一）深层次编研企业档案的要求和方法

企业档案管理人员每天处理大量档案，覆盖广泛的类别和内容，考虑到时间和资源的限制，不可能对所有档案进行深入研究。因此，应做好关键档案信息的编研，即根据档案利用者的需求程度选择档案，进行有层次的编研。应优先处理那些对企业发展和决策有重大影响的档案，结合企业实际的工作需求对档案信息进行调整和处理。

编研企业档案需满足以下要求：确保档案信息的真实性，对具有实际价值和意义的档案进行编研和汇总，结合具体工作需求对档案信息进行调整。

相关人员在进行档案编研工作时，需要遵守基本的流程和方法，来对企业档案进行深层次编研，满足企业的发展需求。具体需要注意以下几个方面。

（1）邀请档案管理专家参与编研。企业档案编研工作具有较高的专业性，不同于常规的行政工作。因此，邀请具有丰富经验的档案工作人员或行业专家参与档案编研是一个明智之举。这些专家能提供专业的编研技巧和方法，还能确保企业档案编研的科学性和合理性。

（2）严格遵守编研流程。在处理档案信息时，相关人员需要充分挖掘档案信息的内在价值，严格遵守规定的程序，建立明确的编研目标，包括确立具体的档案编研流程和完成时间等关键要素。规范化的程序，可以保证企业档案编研的整体性和及时性，确保深度编研工作的顺利进行。

（3）关注档案内容的实际应用价值。在进行档案编研时，重点应放在档案内容的实际应用价值上。相关人员需对档案内容进行深入分析，挖掘其中的重要信息和知识点，以便为企业提供有价值的参考和指导。这意味着在编研过程中，应注重档案内容的实际应用和对企业发展的贡献。

（4）运用现代化技术辅助档案编研。随着科技的发展，现代化技术在档案编研中扮演着越来越重要的角色。利用这些技术可以提高档案编研的效率和质量，例如，利用大数据分析工具来识别和提取关键信息，运用云计算技术来存储和管理大量档案，以及利用人工智能辅助分析档案内容等，都可以大幅提升档案编研工作的效果。

（二）深层次编研企业档案的策略

企业档案编研工作的核心在于深入研究档案资料，系统地梳理相关信息，以满足档案利用者的特定需求。这一工作对于企业的生产和经营活动至关重要。企业档案作为重要的信息资源，能够为企业的决策和战略规划提供有力的参考。企业档案资源的开发和利用程度，对于辅助企业做出明智的决策、指引正确的发展方向具有显著影响。

1. 根据企业决策进行编研工作

企业档案深层次编研的实施可以从以下两个方面进行。

一是建立有效的档案信息循环体系。企业需要采取措施提高员工对档案的认识，使档案工作与其他办公活动紧密结合，进而收集到利用率高的档案材料。例如，定期举办档案信息展览，编纂企业重大事件、经济指标和机构变化等重要档案。记录企业重大会议、庆典、领导视察等活动，包括拍照、录像等多种形式。

二是关注企业的发展目标和市场开拓方向。企业在市场竞争中要确立明确的发展目标和市场方向，企业档案工作亦应围绕这些目标进行，以确保档案信息的针对性开发和利用。在档案深度编研过程中，需基于企业战略来执行，以提供高质量的档案编研资源，支持管理层制定决策，开拓发展机遇。

2. 制订科学合理的档案编研规划

企业内部的高质量和具有参考价值的档案，若能被妥善编纂成册，将大大提高其实用性和价值。企业进行这样的深层次编研工作时，需遵循明确的流程和规划。企业需制定一个科学合理的档案编研规划，涵盖上级机构发布的指导性文件、含有丰富信息的大型档案资料，以及记录企业重大活动的档案资料等内容，如图 7-7 所示。

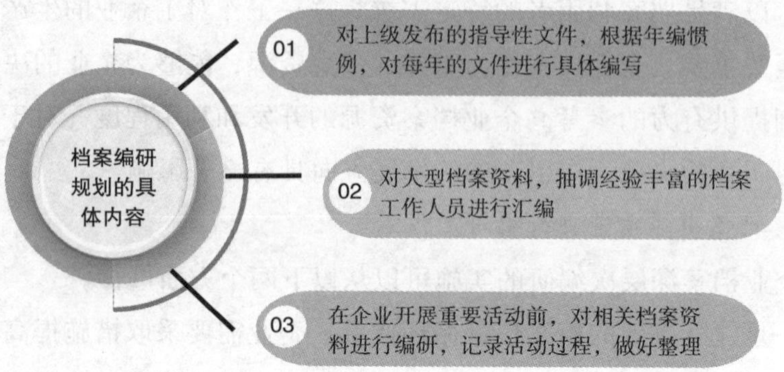

图 7-7 档案编研规划的具体内容

此外，相关人员在进行档案编研时，应注意把握适当的平衡，即在确保档案内容的完整性和全面性的同时，保持其简洁性，这样做能够确保档案利用者能够准确而迅速地找到所需的档案信息资源。这种方式不仅能够使企业有效地保留和传递重要信息，还能提高档案的可用性和实用价值。

3. 充分利用馆藏档案资源

在进行深层次企业档案编研时，应充分利用馆藏档案资源。相关人员需要对馆藏档案进行全面而细致的审查和分类，包括对档案的来源、内容、历史价值和实用性进行评估。通过这一过程，可以识别出具有研究潜力和历史意义的资料，这些资料记录了企业的发展历程，也反映了特定时期的经济、社会和文化背景。精心挑选出的档案材料可以为编研工作提供坚实的基础和丰富的信息源。

在此基础上，相关人员可系统地整合和分析这些档案资源，包括对材料进行跨主题、跨时期的综合对比和分析，以揭示企业发展的趋势、模式和背后的动因。通过这种深度的分析，编研工作能够不仅重构企业的历史轨迹，还能提炼出企业文化、经营理念等深层次的内涵，为企业未来的发展提供历史参考和战略洞察。

4. 对企业档案编研成果进行利用

对企业档案编研成果的利用，是提升企业管理水平和决策质量的重要策略之一。通过深入分析和研究企业历史档案，企业可以挖掘出过往经营活动中的成功经验和失败教训，为当前和未来的管理决策提供参考和依据。档案编研成果还可以用于加强企业文化建设，通过传播企业的历史和文化，增强员工对企业的认同感和归属感。在对外交流和合作中，编研成果也可作为展示企业实力和文化的重要资源，提升企业形象，吸引潜在的合作伙伴和客户。因此，企业应将档案编研成果视为宝贵的资源，通过专业团队的整理、分析和创新性利用，最大化其价值。

四、创新企业档案服务

企业档案工作的出发点是开发档案资源并实现其合理利用。为达到这一目标，企业应当创新档案服务，特别是创新服务内容，包括服务领域的扩展、服务环境的优化、服务对象的多样化、服务态度的改善以及服务时间的灵活安排，如图 7-8 所示。

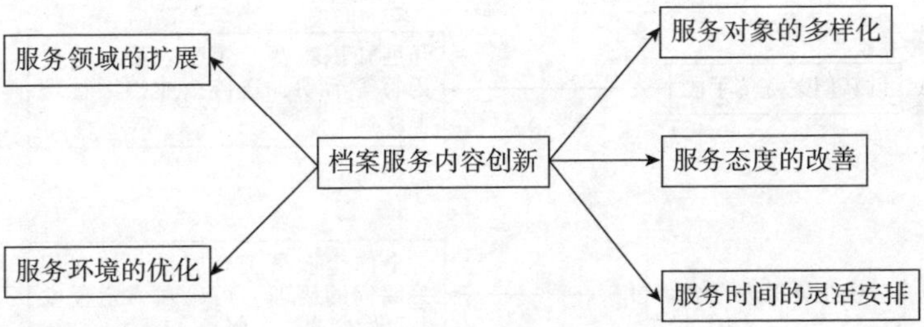

图 7-8　档案服务内容创新

在信息化时代背景下，人们对企业档案服务的需求更加灵活、多样，因此企业档案服务内容应向多元化发展。以优化档案服务方式为例。在传统档案服务中，当档案利用者需要查阅信息时，企业档案部门通常提供纸质档案原件或专题汇编，这种服务方式未能深度挖掘和加工档案信息，难以满足日益增长的需求。企业应深度挖掘和加工档案信息，为档案利用者提供全面、完整、有参考价值的资料。例如，企业可根据发展需求编辑案例汇编，分析总结经典案例，探索企业发展规律和影响因素。深度挖掘和加工档案有助于发现问题解决对策，指导企业管理，促进企业发展。

五、创新企业档案开发利用的宣传工作

为了推动企业档案开发利用工作的深入发展，企业的领导层和员工要给予足够的重视，对此，企业档案部门承担着重要的宣传职责，旨在提升全体员工对档案开发利用的认识，并争取企业高层的支持与认同，以保障企业档案服务的持续进步。实现这一目标的有效途径包括采用创新的宣传方法和手段，以及对员工进行专业培训，以此强化员工对企业档案价值和重要性的理解，进而推动企业档案管理向更高水平发展。企业档案宣传措施如图 7-9 所示。

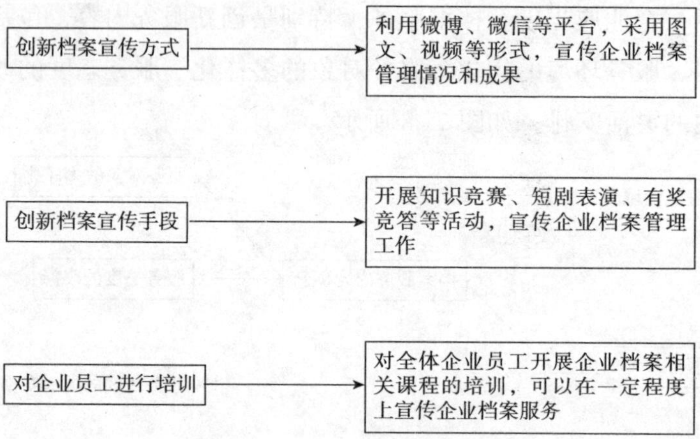

图 7-9　企业档案宣传措施

第八章　现代企业信息化风险及其控制措施

第一节　企业信息化风险概述

一、企业信息化风险的定义

（一）关于风险

风险这个词语，自人类开始有意识的活动以来就伴随着人们，在当代社会，它已普遍存在于日常生活和多种行业之中，可以说，人们每天都在不同程度上应对各类风险。这个概念的普遍性使不同领域的专家和实践者对其都有着自己的理解。不论是经济学家、管理学家、统计学家、银行家、企业家还是精算师，他们都从自己的专业角度对风险的含义有着不同的解读。

对风险的界定涉及理论层面的理解，也关系到实际操作中的应用。所以，在探讨企业信息化风险及其控制措施之前，首先要确立一个关于风险的明确且广泛认可的定义，这将为后续讨论提供一个清晰且统一的理论基础。

在《现代汉语词典》中，“风险”的释义为“可能发生的危险”。对此，要从两个方面来理解和把握：风险发生存在不确定性；风险发生时能够造成损失。在理论界，比较具有代表性的“风险”的定义有以下三种。

（1）风险是损失发生的可能性。这是将风险与可能性区别开来的理解。可能性仅代表事物存在或发生的机会，而无任何技术性内容。美国学者海斯（Haynes）在其1895年的著作《经济学中的风险》中首次提出这种风险概念，并进行了分类。

（2）风险是损失的不确定性。这个观点分为客观说和主观说两种。客观说倾向于认为不确定性是实际结果与预期结果的偏差，可以通过概率等数学和统计学方法量化，该说法通常被保险业和统计学家所采纳。美国经济学家法兰克·奈特（Frank H. Knight）在其1921年的作品《风险、确定性和利润》中定义风险为可测定的不确定性，认为利润是企业处理经济环境中各种不确定性的经济后果。而主观说认为不确定性是个人对客观风险的认知和估计差异，与个人的知识、背景、经验及心理状态等主观因素有关，这通常是大多数企业和管理者所理解的风险。

（3）风险是事件及其后果的可能性的组合，包括积极面和消极面。风险不仅包括正面的风险，即机会，还包括负面的风险，即损失的可能性。许多权威机构和企业风险管理框架采用的风险定义在一定程度上体现了广义的风险观，例如国际内部审计师协会的COSO-ERM标准框架。

本书在研究企业信息化风险及其控制措施时，由于研究重点在于企业信息化风险的各种损失发生的可能性，并希望借助技术对这些风险进行度量，因此倾向于采用第二种观点中的客观说。需要指出的是，广义的风险观虽然考虑得更全面，且逐渐成为学界和业界的主流观点，但在实际操作中仍存在一定难度。

（二）关于企业信息化风险

企业信息化风险是指在企业进行信息化建设和运营的过程中，可能遭遇的威胁或挑战，这些风险会影响企业实现其信息化目标。这种风险与一般风险的概念相似，可以通过评估风险发生的概率（风险发生的可能性）和该风险对目标造成影响的程度（通常以损失的金额来衡量）的乘积来量化。

二、企业信息化风险的分类

（一）动机风险

动机风险指的是企业在实施信息化时的初衷和目的。正确的动机虽不保证成功，但错误的动机几乎肯定会导致失败。有的企业实施信息化的动机不是通过信息化提高管理效率或实现战略目标，而是出于以下原因。

第一，所谓的“领导工程”或“面子工程”。即企业在行政压力或公众舆论的影响下，推行信息化项目，更多的是为了展示或满足外部形象需求而非真正的内部效率提升。

第二，将信息化作为一种资本市场的炒作手段。企业通过宣传其信息化进程来吸引投资者或股东的关注，以此在资本市场中获利。

第三，信息化被视为一种向公司高层或老板提供“信息简报”的工具，而非作为提升整体业务运作效率和决策质量的手段。

这些动机的存在显然是对信息化本质的误解，无法从根本上提高管理水平或促进战略目标的实现。基于这样的动机进行信息化的企业，面临的风险很大，因为很可能偏离信息化的初衷。所以，企业在启动信息化项目之前必须明确其真正的目的，并在实施过程中持续审视，确保不偏离最初的目标。只有这样，企业信息化才能真正地促进企业的长远发展和效率提升。

（二）管理变革风险

管理变革风险是企业信息化过程中面临的一大挑战，主要源于信息化带来的管理模式和组织结构的根本变化。信息化推动企业管理从传统方式向数字化、网络化转型，这往往伴随着决策流程的重构和职责分配的调整，在此过程中，企业可能遭遇管理混乱和角色冲突，尤其是当员工对新系统不熟悉或不适应时，信息化实施可能导致工作效率短期内降低，甚至引发内部抵触和阻力。

为应对管理变革风险，企业需采取多项措施。第一，进行全面的风险评估和预案制定，确保在信息化过程中能够及时发现并解决问题。第二，对员工进行充分培训，帮助他们理解变革的必要性，提升他们对新系统的操作熟练度和适应能力。第三，企业需要加强内部沟通，建立有效的反馈机制，以便及时收集员工意见和建议，确保管理变革与企业文化、员工需求相协调。这些措施可以降低管理变革风险，促进企业信息化顺利推进。

（三）组织风险

企业信息化建设是一个涉及广泛、知识融合性强、多部门参与的复杂过程，这个过程既涉及企业内的各个职能部门，也涉及供应商、客户、运输商和分销中心，是一个内外交互的系统。实施企业信息化需要跨学科知识，包括计算机技术、项目管理、系统工程论、管理理论、软件应用、行业经验和实施方法论的综合运用。

一般来说，信息化项目的成功体现在全体员工的参与上，涉及从一线操作工人到职能部门专业人员、部门经理至高级管理人员。项目的组织难度非常大，涉及的细节众多，远超一般项目，因此，企业信息化项目在组织上的风险非常明显。每个参与者都在项目中扮演着关键角色，他们的协作和专业知识对于信息化的实施至关重要。管理层在推动信息化进程时，需要高度重视各部门间的协调和整合，确保项目能够顺利推进，最终实现企业信息化的目标。

（四）技术风险

技术风险主要表现在数据安全、唯一性、集成性和共享性等方面的挑战。技术风险的关键在于整合各类数据如设计、生产、营销、财务及管理数据，并在此基础上构建一个高效且安全的信息系统。

（五）服务提供商选择的风险

市场上众多的信息化服务提供商，包括咨询、软件和系统集成服务提供商，技术实力各异，这直接影响到企业信息化建设的效果。企业在选择服务提供商时，需综合考量其技术能力、过往业绩及市场声誉等因素，以确保信息化项目的有效实施和长期成功。正确的服务提供商选择对于缓解信息化建设的风险、保障企业信息化战略顺利实施至关重要。

（六）合同风险

当企业选择了信息化服务提供商并准备签订合同时，企业常常会过于关注价格等显著因素，而忽略了合同中的其他关键细节，例如服务条款。这种疏忽可能导致未来实施过程中的纠纷，进而影响信息化建设的效果。为此，企业在签订信息化合同时应留意以下几点：第一，应将软件、实施、培训及服务的合同分别签订，以确保每个环节的清晰和明确。第二，合同的细则应尽可能详细，特别是关于双方在实施过程中的责任和义务的描述。第三，付款方式最好与阶段性验收结果挂钩，确保服务提供商按计划和标准执行。第四，明确项目最终验收的标准，以避免项目结束时的标准分歧。

（七）实施风险

服务提供商在实施过程中可能缺乏明确的规范和标准，未能深入进行项目的可行性研究、需求分析及系统分析等前期工作，从而影响信息化系统的功能实用性。此外，实施过程中的监控可能不够有力，导致项目无法按计划完成。如果实施结束后没有进行适当的验收，或者验收标准存在分歧（这需要在签订合同时就明确规定），则可能使企业信息化项目面临多重风险。对此，在整个实施过程中，企业需确保有清晰的监控和管理机制，以确保信息化项目的顺利进行和成功实施。

（八）时间风险

信息化实施通常是漫长而持续的，经常需要几年时间来完成。随着时间的推移，维持相关人员，尤其是领导层的积极性成为一大考验。有些企业可能由于在短期内看不到明显成效，开始对信息化的实施产生怀疑，更有甚者，一些领导急于求成，可能会擅自改变实施进度计划甚至中止信息化项目，这无疑会给企业带来很大的风险。

（九）人员风险

信息化建设的成功与否，最终取决于人力资源的质量。企业需建立自身的信息化团队，其中所需的人才往往是业务知识、管理技能和计算机技术兼备的复合型人才。企业一方面需要培养这样的人才，另一方面更要留住他们，以确保信息化项目的顺利进行。

（十）使用和维护风险

有些企业虽然投入巨资进行了信息化改造，但最终发现很少有人真正使用或喜欢使用这些新系统，导致这些系统最终成为无用的摆设。成功的企业信息化不仅仅在于技术的实施，更在于员工对新业务流程的理解和使用习惯的养成，为此，管理层需要具备决断力，制定并强制执行相应的政策和制度。

（十一）发展中的风险

企业信息化的建设是一个动态的过程，随着管理理念和信息技术的进步，它呈现出螺旋式的上升发展。这种不断演变的特性为企业信息化的构建带来了风险，同时是企业在激烈市场竞争中必须面对的挑战。为了有效规避这些风险，企业需采取以下策略。

（1）应用变革管理和风险管理的理念来引导整个信息化建设，确保项目按计划进行；

（2）以发展的视角看待信息化带来的变革，把握未来发展机遇；

（3）采用项目管理的方法来组织和执行信息化项目，确保项目的有效管理；

（4）依靠专业咨询机构进行全面的企业信息化规划，以提升建设的专业性和有效性；

（5）设置具有操作性的项目目标，建立内外双重指标体系，确保项目目标清晰、可衡量；

（6）在选择信息化服务商时做到合理且谨慎，以获取最佳服务支持；

（7）确保人力、财力和物力资源充足，支持信息化项目的实施；

（8）引入独立第三方监理机制，确保项目实施的质量和效率；

（9）项目实施完成后，通过制度固化成果，强制执行，保证信息化成果的持续性和稳定性。

第二节　企业信息化风险的特征与识别

一、企业信息化风险的特征

辩证唯物主义，作为人类认知和变革世界的强大思维工具，强调每个事物都固有地拥有共性和个性，共性是决定事物基本性质的因素，而个性则决定了事物间的差别。在这一思想框架下，企业信息化风险，作为企业在多变环境中所面临的众多风险之一，同样具备这两方面的特点。也就是说，企业信息化风险既拥有所有风险共有的特性，也有其个性特征，这些个性特征使企业信息化风险在众多风险中独树一帜，而其共性特征则揭示了企业信息化风险作为风险一部分的基本属性。

（一）企业信息化风险的共性特征

企业信息化风险具有以下五种共性特征，如图 8-1 所示。

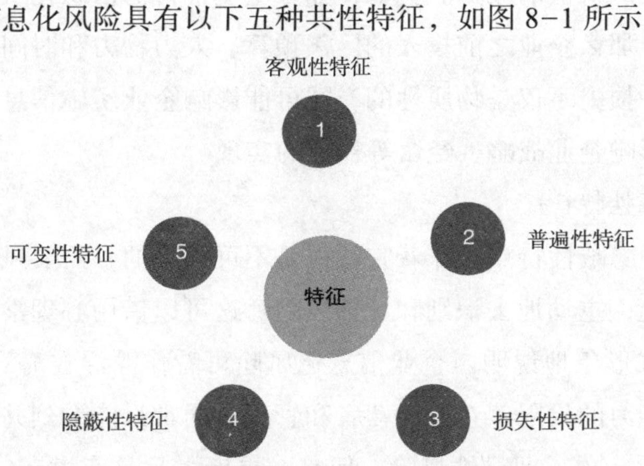

图 8-1　企业信息化风险的共性特征

1. 客观性特征

风险的客观性体现在它是独立存在的客观现实，并不依赖于风险主体是否认识到它。即使风险主体没有意识到某一风险的存在，在特定条件下，风险依然有可能成为现实，特别是在信息化风险方面，其存在是绝对的、客观的。对于企业管理者来说，他们无法彻底消除信息化风险，只能通过发挥主观能动性，主动去识别和评估风险，采取相应的应对措施，以降低风险发生的可能性和影响程度。

2. 普遍性特征

风险的普遍性表现在风险普遍存在于社会的各个层面，包括国家、个人和企业等主体。风险的表现形式因规模、行业、区域和时间等条件的不同而呈现出多样性，例如，在信息化风险领域，大型企业与中小型企业、银行业与制造业企业之间的风险特点存在显著差异。这种差异性说明了风险在不同环境下的多变性和复杂性。

3. 损失性特征

风险的损失性是指风险一旦发生，就可能带来损失。对于信息化风险来说，一旦发生，可能导致企业在人力、物力、时间资源上的损耗，以及经济价值的减少。例如，如果企业推行的信息化项目未能达到预期效果，那么企业之前投入的巨额预算、人力物力和时间可能会付诸东流。这种损失不仅是物质性的，还可能影响企业实施信息化战略的决心，从而影响企业战略、经营等目标的实现。

4. 隐蔽性特征

风险的隐蔽性特点意味着它往往是不可预见的，需要风险管理者采取积极措施，主动地去识别和评估风险。这可以借用心理学领域的“冰山理论”来形象地说明。企业信息化风险可看作漂浮在海洋上的冰山。由于认知能力的局限，企业经营者和管理者通常只能看到并识别出露出水面的冰山一角，即显性风险，但是，更庞大且具有潜在威胁的部分，即隐性风险，却隐藏在水面以下，这部分风险由于其隐蔽性往往难以被及时发现和应对，如图 8-2 所示。

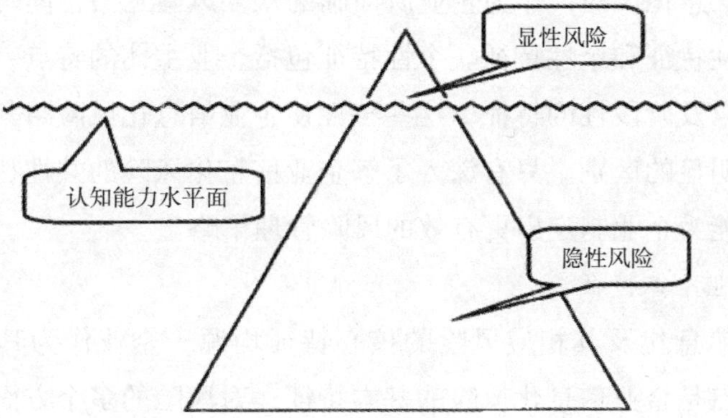

图 8-2　企业信息化风险的“冰山模型”

5. 可变性特征

可变性特征是指在特定条件下，风险具有可转化的特点。风险并非一成不变，而是与特定的风险环境紧密相关。企业信息化风险与其所处的环境之间的关系密切，如图 8-3 所示，当影响风险发生的条件发生改变时，风险本身也会随之变化。随着科学技术的发展，生产力的提升，社会的进步，新的风险不断产生，其潜在的破坏力也在不断增强。信息技术的发展尤其突显了风险的这一特性，它既为人类带来巨大的好处，也带来了许多新的风险。

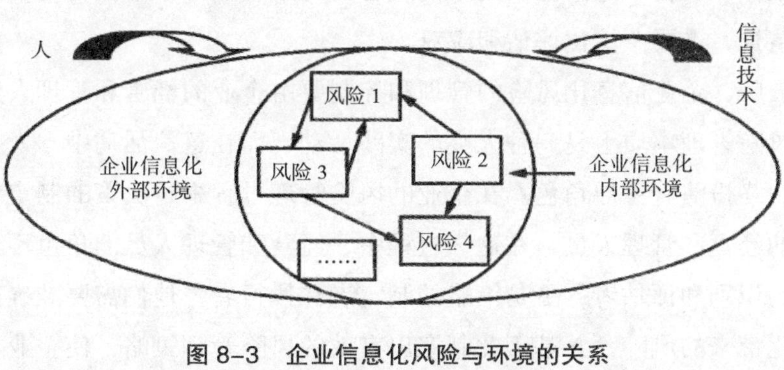

图 8-3　企业信息化风险与环境的关系

（二）企业信息化风险的个性特征

企业信息化风险，作为企业所面临的众多风险之一，同时具备一般风险的共性特征和个性特征。个性特征包括企业主体的特点、信息化的独特属性以及阶段性的特征，这些特性使企业信息化风险与其他类型的风险存在明显的区别。只有深入了解企业信息化风险的共性特征和个性特征，才能为企业制定出更有效的风险管理策略。

1. 企业主体特征

企业信息化及其相应风险的核心特征均源于企业作为其主体的事实，这一点是企业信息化风险的基本特征，对风险的多个方面产生决定性影响。

首先，这个特征指明企业信息化风险是企业在追求利润的过程中产生的。企业进行信息化建设的根本目的是追求经济利益，这与政府主导的国民经济信息化存在根本区别。企业这种追求利益的过程，本质上意味着必须承担相应的风险。正如俗话所说的“天下没有免费的午餐”一样，风险成为企业在追求利益过程中不可避免的伴随因素。

其次，企业信息化风险的特征与企业所处的特定环境和所面临的竞争压力紧密相关。不同企业的规模、所属行业、性质、文化背景、组织结构、发展方向以及市场份额等因素，都在不同程度上影响着信息化风险的性质和程度。这些因素的不同组合为每个企业带来了独特的信息化风险情景，需要个性化评估和应对。

最后，企业信息化风险的管理和控制要由企业的经营和管理人员负责。风险管理本质上是一种人类的实践活动，而在这一活动中，人作为主体始终扮演着主导角色。在企业的风险管理过程中，决策的制定者是企业的经营和管理人员。在这一过程中，经营和管理人员的角色不只是风险的识别和评估者，更是策略的制定者和执行者。他们需要准确理解信息化带来的风险，并基于此制定出有效的风险管理策略，使企业在追求信息化带来的利益的同时，能有效控制和管理这些风险。这种管理策略的制定和执行，既依赖于经营和管理人员对信息化风险深刻的认识，也依赖于其对企业独特环境和内部条件的准确把握。

2.信息化特征

信息技术本身具有一些显著的特点，这些特点在企业信息化风险中得到了体现。首先，信息技术的渗透性强，它广泛渗透到国民经济和社会的每一个角落，这一特点可以通过贝尔定律来描述。其次，信息技术的发展速度非常快，这一点通过摩尔定律和吉尔德定律得以展现。再次，信息技术的应用传播速度极快，一个新的信息传播技术能在短时间内迅速扩散到成千上万的用户。最后，信息技术的规模效应非常明显，梅特卡夫定律对此进行了阐释。

在企业利用信息技术推进信息化进程的过程中，这些信息技术定律无疑对企业产生了影响，结果是，企业信息化风险除了有信息技术本身的特点，如强大的渗透性、发展的迅速性和应用的变化性之外，还融合了信息化进程的独特风险，这些特征共同构成了企业信息化风险的基本属性，对企业的信息化战略、操作和风险管理产生了深远的影响。企业在信息化的道路上，要充分考虑这些因素，制定相应的策略和措施，以有效管理和控制这些风险。

3.阶段性特征

企业信息化是一个逐步发展的过程，并非一蹴而就，它需要时间、规划和阶段性的实施，是一个有计划、分步骤进行的中长期的系统工程。在企业信息化的初始阶段，企业可能只是希望利用计算机技术对某个部门进行电子化的数据管理，以提升工作效率。随着时间的推移，企业在组织和技术层面上做好了准备工作，便会着手设计适用于企业整体的综合性信息系统，如计算机集成制造系统等。这一阶段的重点是根据规范化的业务流程进行设计。完成内部信息化建设后，企业的信息管理工作可能会进一步延伸到企业的外部，例如与供应链上的合作伙伴之间进行数据交流与共享，以及整个产业链的信息资源整合。

在这个过程中，企业信息化风险的集中领域可能遵循着从“企业部门—企业整体—供应链—产业链”的发展轨迹。根据目前中国企业信息化的基本现状，当前讨论的重点更多集中在企业部门和企业整体这一层次的信息化风险上。

从单个信息系统在企业中的导入或信息化项目管理的过程来看，企业信息化风险表现出明显的阶段性特点——信息系统的开发大多采用生命周期法，通常可以将其划分为五个阶段：规划阶段、分析阶段、设计阶段、实施阶段和运行阶段。在这些不同的阶段中，企业关注的信息化风险各有不同。例如，在规划阶段，企业可能面临由于动机不明确、组织和技术准备不足而带来的启动风险。到了实施阶段，企业需要特别关注项目进度风险、预算风险和系统质量风险。而在系统进入运行阶段后，企业需要集中注意力于信息安全风险、设施安全风险和用户操作风险的控制。

因此，在企业信息化的过程中，风险管理是一个动态的、需要不断调整的活动。随着企业信息化进程的推进和不同阶段的需求，风险管理的重点和内容也需要相应地进行调整，这就要求企业在信息化的每个阶段都要具备对风险的敏感度，以便及时识别并应对可能出现的风险。通过这样的动态管理，企业能有效控制信息化过程中的风险，还能确保信息化建设的顺利进行，最大限度地发挥信息化的优势。

二、企业信息化风险的识别

风险识别构成了风险管理过程的起点和基础，它涉及风险管理人员在收集资料和进行调研的基础上，利用判断、分析和归类等多种方法，对经济实体所面临的各种明显和潜在风险进行识别和记录的活动。风险识别的核心目的在于提升风险管理主体对风险的认知能力，使那些原本难以预见的隐性风险逐渐变得可识别，而正是基于对风险的准确识别，风险管理主体才能够采取恰当和有效的处理方法。

风险识别的过程可以从两个方面展开。一方面，风险识别可以依赖于管理者的直观感受和历史经验来进行初步判断，这种方法虽然主观，但在某些情况下能快速有效地揭示风险。另一方面，风险识别可以通过对各种客观资料的分析、归纳和整理进行。这些资料包括历史上的风险事件记录、相关的统计数据以及必要的专家访谈和咨询。采用这些方法，可以揭示出各种显性和隐性风险及其背后的客观规律。

由于风险本身具有显著的可变性，因此，风险识别应被视为一项持续性和系统性的工作，这要求风险管理主体既要关注已知风险的变化，还要时刻准备发现新的风险。为此，风险管理的过程需要结合当前的环境变化、行业动态以及内部管理的变革，不断更新风险识别的方法和工具。这样一来，风险管理主体才能在变化的环境中保持对风险的敏感度，及时调整风险管理策略，以应对可能出现的新风险，确保组织的稳健运行和持续发展。

（一）企业信息化风险识别概述

在企业信息化过程中，风险可能会在不同的环节出现，并以各种形式显现。这些风险对企业及其信息化目标产生的影响可能是深远的。有效控制这些风险的关键在于识别和控制它们。企业信息化风险的识别和控制涉及监测一系列重要的变量变化，这些变量包括国家宏观经济政策的变化、信息技术的更新换代、政府机构发布的新的信息化法规、信息技术产品和服务的价格波动、企业高层管理人员的更替、产品结构的调整、软件开发商的信誉以及客户的信用记录等。通过对这些变量的持续观测和分析，管理者可以科学且客观地洞察其中潜在的风险及其特性。

进一步地，管理者应当利用风险识别表格，对所识别的信息化风险及其特性进行系统的分类、记录和归档，这样的分类、记录和归档有助于管理者更清晰地理解风险的本质，并便于后续的风险管理和决策过程。风险识别表如表 8-1 所示。

表 8-1 风险识别表

编号	级别	风险	描述	分类	来源	触发器	潜在响应	状态	时间	备注

企业信息化风险的风险源识别如图 8-4 所示，展示了企业信息化过程中各个阶段各种潜在的风险。

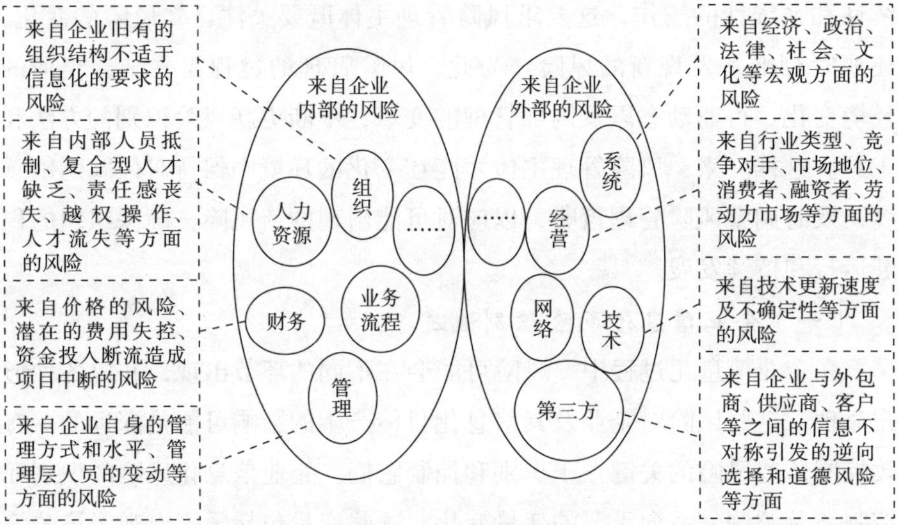

图 8-4 企业信息化风险的风险源识别

（二）企业信息化风险的识别方法

企业信息化风险识别方法可以用内涵和外延两个维度进行概括（见图 8-5）。从内涵的维度看，风险识别方法包括经验型和知识型两种；从外延的维度看，风险识别方法包括结构型和非结构型两种。

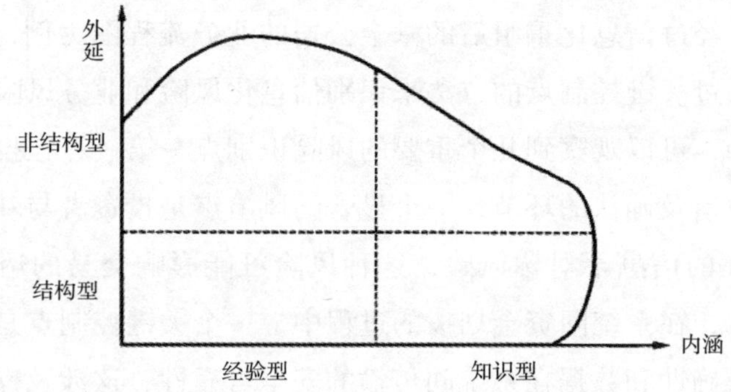

图 8-5 企业信息化风险识别方法的两种分类

1. 流程图法

风险控制流程的构建基于企业的各项业务流程，并使控制流程与业务流程一致、吻合。对于企业中经常发生的或反复出现的业务活动，流程图是一个有效的描述工具。这种方法使用特定的符号和图形，辅以简洁的文字和数字，通过连接业务流程线，将业务的处理程序、内部控制制度以及关键风险控制点展现出来。作为一种在企业实务中广泛使用的方法，流程图法用于描述业务流程、内部控制流程以及风险管理流程。

流程图法的主要优点在于流程图能够直观且全面地描绘特定活动的过程，清晰展示业务流程与内部控制、风险管理之间的联系，为审计人员、业务人员和技术人员提供有效的工作指导。但是，流程图法也存在一定的局限性：一方面，绘制流程图具有技术难度，需要投入相当的时间和精力；另一方面，由于流程图法过于强调业务方面的内容，在某些情况下，流程图可能难以覆盖和反映那些与业务流程不直接相关的重要风险。因此，在使用流程图法时，企业需要意识到这种方法的优势和局限，以便更全面地识别和管理风险。虽然流程图法为风险控制提供了直观的视角和框架，但企业同时需要考虑其他补充方法，以确保那些不易通过流程图表现的风险也能被有效识别和控制。

以一个经过信息化重组后的基金公司的业务流程图为例，在图 8-6 中，可以通过关键控制点的方法来识别信息化风险和业务风险。在分析这一过程中，可以观察到几个重要的风险识别点。第一，在投资者对账户或交易申请及确认的环节，一个显著的风险点是投资者与基金公司之间可能存在的信息不对称风险，这种风险可能影响交易的透明度和公平性。第二，在系统间资金划拨的过程中，一个关键控制点是确保业务员的操作准确性和数据在系统间传输的安全可靠性，这涉及操作风险和网络风险，需要确保操作过程的正确性和数据传输的安全性。第三，在估值系统处理各类头寸、申购、赎回以及确定分红方案等环节，又是一个重要的控制点，这里需要关注的是系统是否能够准确且持续地处理业务，涉及系统安全风险。这种风险可能影响到整个业务流程的效率和准确性。对这些关键控制点的分析，可以有效识别和管理与信息化相关的风险，进而保障基金公司业务的顺利进行。

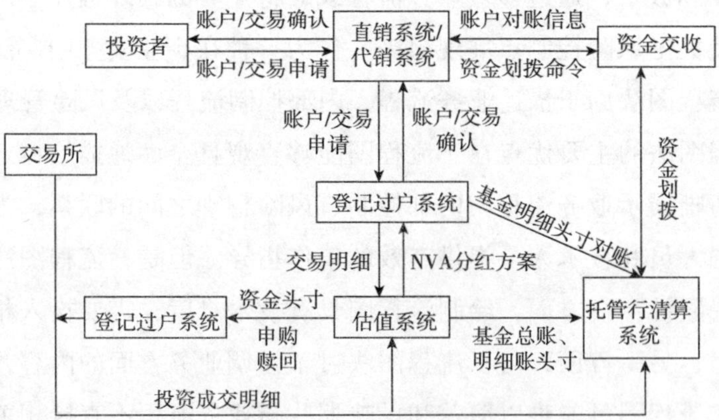

图 8-6　某基金公司信息化重组之后的业务流程图

2. 头脑风暴法

以信息化项目的风险识别为例，头脑风暴法的开展可以通过下面几个步骤进行。

（1）准备阶段。此阶段由项目负责人主导，即项目负责人是整个过程的引领者。负责人需对信息化项目潜在的风险进行深入研究，明确问题的核心，确定解决问题的目标。此外，负责人还需要挑选参与会议的人员，人数一般控制在 5 至 10 人之间，以便于管理和沟通。参与者应涵盖公司内部的中层管理者，包括经营和技术部门，同时要包括来自企业外部的管理、法律和信息技术领域的专家。接着，负责人需要确定会议的具体安排，如时间（建议 20 至 60 分钟）、地点、讨论的主题（识别项目的所有主要风险）、相关参考资料以及预期目标，并提前通知所有参与者，以便他们做好充分的准备。

（2）热身阶段。这一阶段旨在营造一个自由、轻松、和谐的氛围，使参与者能够放松并进入一种无拘束的状态。会议开始后，主持人首先介绍会议规则，然后引入一些有趣的话题或问题，以激发大家的思维活跃度。

（3）明确问题阶段。在这一阶段，项目负责人需要简洁明了地介绍待解决的问题。在这个过程中，应避免过于详尽和深入的说明，以防限制参与者的想象力，干扰其创造性思维。

（4）问题重述阶段。经过一段时间的讨论后，参与者对待解决的问题有了一定程度的认识，此时，为了促使大家对项目风险有新的理解和思考角度，负责人或记录员可梳理一下所记录的大家的意见。这样的总结和归纳，可以提炼出具有代表性和启发性的见解，为接下来的讨论提供参考。

（5）畅谈阶段。这一阶段的目标是激励参与者自由地表达观点，关于项目可能涉及的各种风险及其特性进行充分的讨论和记录。在这个过程中，应当遵循某些基本原则，如自由畅谈、暂缓评判、禁止批评和注重数量。项目负责人需要根据这些原则对参与者进行适当的引导，以促进更多的想法和见解的产生。

（6）筛选阶段。在会议结束后的一到两天内，负责人应与参与者沟通，以了解他们在会后可能产生的新想法或新思路，这些信息将用于补充会议记录。接下来，负责人将根据大家的意见整理出若干方案，然后依据诸如可识别性、相关性和重大性等标准来确定最终的风险识别方案。这个方案可以被视为群体智慧的集合体。

经验表明，头脑风暴法能够有效地排除折中方案，通过客观和连续的分析，找到一组切实可行的解决方案。需要注意的是，头脑风暴法实施的成本相对较高，例如，聘请外部专家可能需要支付费用，整个过程也需要消耗不少时间。此外，参与者需要具备较强的专业素质和逻辑推理能力，以确保讨论的有效性和产出的质量。通过这种方法，项目团队能够更全面地识别和应对信息化项目中的潜在风险，为项目的顺利实施提供坚实的基础。

3. 现场调查法

现场调查法是一种风险识别的有效方法，指的是风险管理人员亲自前往现场进行观察，包括对被调查单位的设备、工序、操作流程等进行直接检查，并通过询问和记录相关人员的情况来深入了解单位的生产、经营和管理活动，以及行为模式。这种方式可以帮助风险管理人员发现潜在的风险隐患。

现场调查法的主要优势在于它能够提供一手的资料，帮助及时发现潜在的损失风险，并促使相关部门采取措施进行改进，但这种方法也存在一些缺点。一是它需要较多的时间投入，导致管理成本增加。二是现场调查可能会引起现场工作人员的不满或反感。三是调查的结果很大程度上依赖于执行调查的人员的风险识别能力和专业水平。所以，虽然现场调查法能够提供深入的洞察，但在实施时也需要考虑到其可能的局限性和挑战。

现场调查法的开展过程一般分为以下三个阶段。

（1）准备阶段。这个阶段的目标是为即将到来的现场调查做好全面的准备。这包括通过研究资料、咨询行业内同行来加深对调查对象的理解，确保有被调查部门上级的授权和批准文件，明确调查的时间、地点和具体内容。准备工作还涉及制定调查用的各种表格和问卷。这一步骤中最关键的是确定调查内容和制定调查问卷，这需要调查人员具备高业务素质和丰富的经验。

（2）现场调查和访问阶段。在此阶段，调查人员可采用隐蔽式或逐步暴露式的方法进入风险现场进行调查，重要的是要仔细观察现场的每一个细节，确保不遗漏任何可能的风险隐患。特别要注意那些容易引发风险事故的工作环境和流程活动。同时，所有观察到的、听到的、想到的细节都应该被记录下来。与熟悉企业信息化环境和信息技术的各类人员进行访谈，也是识别潜在信息化风险的重要环节。例如，对于一个可能涉及使用特殊类型硬件或软件的新信息化项目，调查人员通过访谈那些最近使用过这些硬件或软件的人员，可以收集到关于这些技术产品的评价和相关风险的描述。

（3）资料整理和报告阶段。现场调查完成后，调查人员应使用相关表格记录调查结果，如表 8-2 所示，并对这些资料进行整理，撰写并提交调查报告。需要认识到，由于调查人员的能力和素质水平的限制，这些报告只具有参考价值，不能作为最终的探究结果。但是，这些报告往往能为风险管理人员提供重要的指导，帮助他们获得更深刻的认识，修正先前的结论并做出相关决策。

表 8-2　风险现场调查表

编号:＿＿＿＿＿＿＿＿＿＿调查人:＿＿＿＿＿＿＿＿调查时间:＿＿＿＿＿＿

调查项目名称:＿＿＿＿＿＿涉及业务和部门:＿＿＿＿＿负责人:＿＿＿＿＿＿

风险分类	风险源	潜在威胁	已有的控制措施	控制措施是否有效	备注

4. 鱼骨图法

鱼骨图亦称为石川图。鱼骨图法是一种旨在探究问题根本原因的诊断工具和分析方法。该方法帮助用户深入理解事件的因果关系，从而清楚地识别出问题的主要原因和次要原因。通过分层次的分析，鱼骨图法助力将问题追溯至其最根本的原因。在风险管理领域，这种方法同样适用，可以将导致风险发生的各种原因总结并表现为鱼骨状的图形结构。以操作系统故障的风险因素分析为例，其对应的鱼骨图如图 8-7 所示。

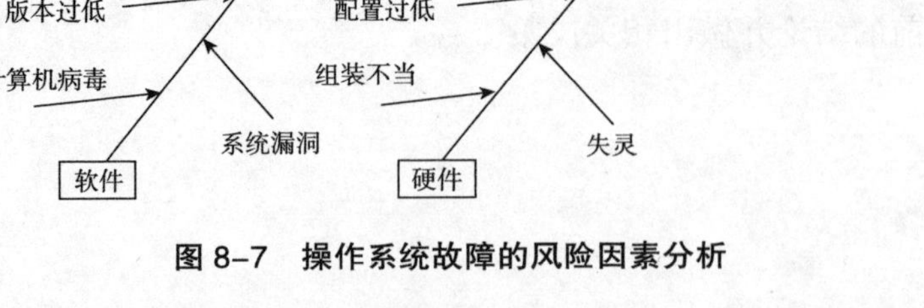

图 8-7　操作系统故障的风险因素分析

鱼骨图法的主要优点在于其简洁、实用且直观，这种方法可以有效地将复杂的因果关系简化成易于理解的视觉图表。然而，这种方法也存在一定的局限性，特别是，管理者的个人观念和对风险因素重要性的主观判断可能会影响使用鱼骨图法进行风险识别时的结论。故在应用鱼骨图法时，需要注意这些主观因素可能带来的影响，以确保分析的客观性和准确性。

绘制鱼骨图的基本步骤如下。

（1）风险事故的确定。在图纸的右侧绘制一个方块，代表所要分析的信息化风险事件，这个方块被视为“鱼头”。

（2）绘制椎骨。从左至右绘制一条水平线，这条线作为风险因素分析的主轴，即鱼的椎骨。

（3）绘制肋骨。在椎骨上以 45° 角绘制多条斜线，这些斜线代表影响风险事件发生的主要原因，即鱼的肋骨。

（4）列出影响因素。在每条肋骨上，详细列出可能导致该主要原因的各种因素，这些因素以小鱼刺的形式表示，并分别画在相应的肋骨上。

（5）分析原因的相互关系。深入分析和测定这些主要原因和子原因之间的相互关系。在鱼骨图中，对那些对信息化风险事件结果有显著影响的因素做出标记，并针对这些因素寻找具体的解决办法和风险控制措施。

第三节　企业信息化风险的应对与控制

一、企业信息化风险的应对

风险应对是一种战略性的规划，它基于的是识别的风险，以及对这些风险的可能性和影响程度的分析。这种规划考虑了风险的本质和决策主体对风险的容忍度，旨在制定相应的防范措施。这些措施包括风险规避、风险降低、风险转移和风险保留四种基本策略。

（一）风险规避

企业信息化过程中的风险规避策略涉及预先识别和分析潜在风险，然后采取措施避免风险的发生，通常包括对技术选型进行彻底评估，确保所选技术和服务商与企业需求相匹配，同时涵盖对信息系统的安全性、稳定性和兼容性进行全面考量。企业需要在信息化实施前制订详细的风险评估计划，包括对市场、技术、财务及操作等各方面的风险进行全面分析，并根据分析结果预制应对方案。企业还需确保在信息化建设过程中有足够的资源投入，包括财务资源和人力资源，以减少由于资源不足而带来的风险。这些预防措施可以在一定程度上减少信息化过程中可能出现的不可预测因素，从而保障信息化项目的顺利进行。

（二）风险降低

风险降低策略着重于通过一系列措施将风险减少到最低可接受水平。企业应选择技术成熟、市场信誉良好的信息技术服务商，以降低因技术不稳定或服务商不可靠而引发的风险。企业应对关键数据和系统实施多层次的安全防护，比如使用防火墙、加密技术和数据备份，以预防数据泄露和损坏。企业还需定期对信息系统进行维护和升级，保持系统的最新性和兼容性。在人员方面，企业应加强员工信息技术培训，提升他们对新系统的操作能力和安全意识。

（三）风险转移

此策略不涉及直接控制风险，而是通过合同或其他非合同手段将风险及其相关权利转移给第三方或受让人，无论是个人还是单位。例如，企业可能为关键的信息技术设施购买财产损失保险，或将信息化项目的全部或部分工作外包给专业化的组织。在签订分包合同时，企业需要注意明确指定风险发生后的责任承担方。此外，通过买卖契约，企业还可以将与信息技术资产或活动相关的风险转移给其他方。作为一种预先的、积极的风险应对策略，这种做法要求企业在决定采取此策略时考虑所需支付的成本，例如购买保险所需的保费。

（四）风险保留

该策略涉及对风险不采取预防措施，而是接受风险可能带来的结果，或考虑在风险发生后再采取应急计划进行处理。比如，企业接受信息技术快速发展带来的软硬件资产加速折旧风险，或为信息系统崩溃导致的业务中断建立系统灾难应急计划，或设立风险预留基金以应对信息化进程中可能出现的资金短缺问题。风险保留策略可以分为无计划保留和有计划的自我保险两种情况。无计划保留较为消极，因为它涉及直接接受风险带来的后果；而有计划的自我保险则是一种更为积极的方法，涉及预先规划如何应对和处理潜在风险。

二、企业信息化风险的控制

信息化风险控制是指风险管理者采取一系列具体措施和方法，旨在减少信息化风险对企业目标产生的负面影响。不同种类的信息化风险由于其风险因素和来源的不同，其可控程度也存在差异。系统风险通常涉及宏观环境的关键要素，如政治、法律、经济、社会和文化等因素，这些因素的影响是宏观的，企业对它们的控制能力有限，因而这类风险对企业信息化的威胁通常难以控制和消除。例如，经济危机的爆发并非企业所能控制，但它会对企业信息化的各个方面产生广泛影响，比如可能导致资金断流、业务中断等多种风险。

经营风险则与特定企业的行业类型、竞争对手、市场地位、消费者、融资者、劳动力市场等因素紧密相关，这些因素虽具有外部性，但相对系统风险而言，更容易受企业的影响和控制。例如，某制造业企业通过引入计算机辅助设计技术提高工艺设计质量和缩短生产周期，尽管竞争对手可能采用同样的技术来消除该企业的竞争优势，但该企业还是可以通过更新技术来重新获得优势。

其他来源的信息化风险可以通过多种方法进行一定程度的控制。

需要注意的是，在成本效益原则的指导下，对企业信息化风险的管理要求识别企业信息化的关键过程，分析主要风险控制点，并将有限的资源合理分配到这些关键控制点，以实现最优化的控制效果，而非进行盲目的全面控制。

企业信息化风险控制活动可以围绕规划与组织、获取与实施、交付与支持等阶段展开。

（一）规划与组织阶段的风险控制

1.进行信息战略规划，设置首席信息官

信息技术战略规划是企业对于信息技术应用的长期发展战略规划。此规划以企业的目标、战略或目的、业务流程以及信息需求为基础，旨在识别并选择所需的信息系统，并据此制定建设和实施的计划。这一规划是企业战略规划的一个重要组成部分，也是信息化风险控制的核心焦点，它体现了企业高层对企业信息化的总体认识和支持程度。为有效实施信息战略规划，企业应当成立专门的信息战略规划委员会，该委员会的成员应包括企业的高级管理层、业务管理部门和信息技术部门的代表，委员会应定期召开战略规划会议，并详细记录会议内容，以确保战略的连续性和执行的一致性。

首席信息官（Chief Information Officer, CIO）在企业中扮演着至关重要的角色。首席信息官是负责一个企业信息技术领域的最高领导者，一个称职的首席信息官对企业的总体战略、业务需求以及信息技术的获取和实施至关重要。首席信息官的核心职责包括确保信息技术与企业战略的一致性，优化企业的信息资源，并在信息化进程中发挥领导作用。

首席信息官的职责主要是战略信息管理，这可以从两个角度进行理解和分析：一是领域，首席信息官的职责主要涵盖信息技术、信息资源和电子商务三大领域的战略管理；二是内容，首席信息官的职责包括制定和指导实施信息战略、建立和重组组织信息结构、组建和优化信息技术团队、创建和完善企业信息文化等方面。

2. 组织管理与控制

企业信息化作为一项复杂的系统工程，不仅要求改变企业的经营模式和管理理念，还要求对业务流程、管理方式和组织结构进行重新整合以适应信息化的需求。在这个过程中，组织管理与控制起到了关键的作用。

组织管理与控制主要涉及通过组织结构的设置、人员分工、岗位职责制定和权限划分等手段来实施控制，其基本目标是建立一个合适的组织机构和职责分离制度，以实现相互牵制和监督，减少舞弊和错误行为的发生。在组织结构设置控制方面，组织结构应遵循精简、合理的原则，能够反映企业的目标和计划。并注意信息技术对组织结构的影响，如趋向于扁平化，以及部门之间横向沟通的流畅性。在内审制度方面，企业应设立内审部门，负责监督和评价各组织部门的日常运作及内部控制制度的有效性。在风险管理制度方面，企业应设立风险评估小组，由系统分析员、内审小组和系统用户等组成，定期对系统进行风险评估和缺陷分析，并提出相应的应对措施。在项目管理制度建立方面，企业应设立项目小组，由供应商、业务部门、信息技术部门共同组成，明确各成员的职责分工，对项目的进度、质量和成本进行全面的控制和管理。在人员管理控制方面，企业应实施业务考核制度，对特殊行业（如金融行业）的重要岗位可采用岗位轮换制度。最后，应分离不相容职责，一般而言，业务授权、执行、记录和资产保管这四项基本职责应该被明确分开，以确保职责明晰，减少冲突和风险。

3. 信息技术控制

信息技术控制指的是企业实施的一系列措施，旨在确保信息技术能够有效服务于企业的当前业务及未来发展。信息技术控制措施的主要内容如下。

（1）技术方案的选择。技术方案不仅需要支持企业的信息化战略，还要符合企业目前的信息技术吸收和应用能力。选择的技术方案应与企业的长远目标和即时需求相一致，确保信息技术能有效支持企业的发展。

（2）项目管理技术的应用。为保障系统建设的先进性和项目进度的顺利进行，在信息系统的整个生命周期中，应运用先进的项目管理、目标管理、软件工程管理等技术和方法。这些管理技术和方法有助于提高项目的效率和质量，保障信息系统的稳定性和可靠性。

（3）系统的可伸缩性。信息系统应具有高度的可伸缩性，以满足未来大规模、大容量和多业务的网络运营需求。对于实时性要求较高的业务，系统应能提供特殊的处理方法，确保业务的连续性和有效性。

（4）技术方案的标准化。系统的技术方案应遵循行业标准和国际标准，以保证与其他系统的可集成性。这种标准化有助于提高系统的互操作性，确保信息技术能够与企业内外部的其他系统有效整合。

4. 制定合理预算方案和人力资源方案

在信息化项目开始之前，企业应进行财务分析和规划，制定合理的预算方案。预算方案应包括资金的筹集安排、信息技术成本驱动因素的分析、专项基金的设立和按项目进度的资金分配等重要内容。预算确定后，企业应根据项目的实际进展情况及时做出调整，包括分析预算与实际支出之间的差异、后续资金的投入安排、不合理预算的调整等。

为降低因人力资源调配不当而带来的风险，企业要制定一套合理的人力资源计划。一方面，企业需要对信息技术人力资源进行周密规划，这包括加强人才的引进和储备工作，而为了吸引和保留人才，制定一套具有竞争力且具吸引力的薪酬体系至关重要。企业可利用劳动合同和竞业限制协议等法律手段，对信息技术和业务核心人员的离职进行妥善处理，以保障企业的核心竞争力。另一方面，企业应对各类技术、管理人员以及信息系统用户实施定期或不定期的岗位轮换、在职培训和再教育计划。同时，采用一个公平而高效的绩效评价体系对员工的表现、成果和问题进行全面考核也是不可或缺的环节。通过这些措施，企业不仅能提高员工的技能水平，还能够促进其文化素质和道德修养的提升，进而有效地降低人力资源调配不当带来的风险。

（二）获取与实施阶段的风险控制

1.软硬件选型控制

在企业信息化过程中，软硬件选型控制关键在于选择符合企业实际需求的软硬件，以减少因选型不当可能引发的风险。鉴于市场上软硬件产品的多样性和各自的特点，企业在选型时不能简单地以好坏来评判。企业应当深入了解自身的实际情况和业务需求，并在此基础上综合考虑软硬件的价格、功能、时效性、售后服务与支持、供应商的信誉和稳定性以及产品的适用性等多个方面。

企业在选择软硬件时应避免盲目攀比或跟风，而是应基于深入的分析和考量，选择最适合自己的产品。这样做能避免资金的浪费，还能减少其他不必要的风险，确保信息化投资的有效性和适用性。

2.系统生命周期控制

系统生命周期控制是一种覆盖信息系统生命周期全过程的控制策略，主要涵盖系统开发、维护和变更三个关键阶段。

（1）系统开发控制。这一控制阶段聚焦于信息系统开发过程中的各个环节，旨在保障系统的效率、效果、安全性和可靠性。关键控制点包括需求控制、授权控制、质量控制、系统测试与转换控制以及文档管理控制。研究显示，信息系统开发阶段的主要风险源自系统与建设单位需求的不一致性。对此，在系统开发之前，承建单位需进行详尽的需求分析，并与建设单位保持充分的沟通。建设单位则应积极参与开发工作，明确传达自己的需求和意见。每一阶段的完成都需得到高管或主管人员的审批，并授权下一阶段的工作。在整个开发过程中，建设单位和承建单位都必须实行严格的质量控制，建设单位应指派专业人员专职负责项目质量监督，承建单位则应定期审查阶段性产品及合同完成情况，并及时做出调整。在系统上线前，应进行充分的系统测试，由建设单位、承建单位及相关业务部门组成独立的系统测试小组，提出有效的测试方案，确保测试在独立环境中进行。此外，所有阶段生成的文档，如开发控制管理手册、系统分析说明书、系统设计说明书等，应妥善分类和保存。

系统开发控制的目的在于确保信息系统能够准确地满足业务需求，并保证系统的可靠性和安全性。通过这些控制措施，企业能够有效地管理信息系统的开发过程，减少风险并提升系统的整体质量。

（2）系统维护控制。系统维护控制关注的是信息系统使用后的持续完善、性能提升及适应新的业务和客户需求，这种控制主要针对硬件设备、应用软件、代码和数据维护的过程。硬件设备维护涉及日常维护和管理、故障检修、易耗损部件更换以及设备功能扩展等方面，这确保了主机及外部设备的正常运行和最佳性能。应用软件维护主要指根据业务和客户需求变化对软件中的特定模块或文档进行调整和更新。通过这种维护，软件能够不断适应企业的发展和市场的变化。代码维护则涉及对系统中各种代码的增加、删除、修改和新代码设置，这一控制过程确保了代码的准确性和系统的流畅运行。数据维护主要包括数据的增加、删除、存储、恢复、结构调整等，这些控制措施旨在保证数据的准确性和完整性，支持系统的有效运作。

（3）系统变更控制。系统变更控制指出系统维护工作需遵循严密的标准流程，并建立相应的文档。在对系统任何部分进行修改时，相关人员应以书面形式向主管人员或维护部门提出申请，经审批和授权后由维护人员进行修改，修改后的部分需由技术人员测试和验收，维护人员对修改进行记录归档，并及时更新系统文档。

此外，鉴于信息技术更新迅速，首席信息官和信息技术人员要跟踪信息技术的发展，不断提升企业的信息技术吸收和应用能力，确保企业信息技术与时俱进。

（三）交付与支持阶段的风险控制

1. 外包风险控制

在《信息技术、系统与服务的外包》一书中，美国学者克莱珀（Klepper）和琼斯（Jones）对控制信息技术外包风险的方法进行了详尽的概述，他们指出，有效控制外包风险的关键环节包括控制外包决策、选择适当的外包商、通过合同限制外包商的投机行为，以及管理外包关系。

首先，控制外包决策是控制外包风险的基础。企业需要明确自己对信息技术的需求，深入了解自身的信息技术吸收能力和应用能力，这要求组织、技术、业务、管理、法律和会计等领域的专家进行可行性分析和战略规划，从而做出是否外包、全部外包还是部分外包的决策。

当决定外包时，挑选合适的外包商是外包成功的关键。企业应广泛寻找潜在的外包商，向它们发出邀请或工作说明，然后根据回复进行筛选。在此过程中，企业需要综合考虑外包商的报价合理性、财务状况、信誉、技术水平和历史项目完成情况等多个方面。企业应优先考虑那些企业熟悉的或有过合作经验、在行业中实力强大、拥有良好信誉的外包服务商，同时要考虑项目方案的性价比，以确定最终的合同谈判对象。

在制定和签署外包合同方面，一份周全的合同对于信息技术服务外包的成功至关重要。企业在制定外包合同时，要完善外包合同的管理制度，包括外包合同的管理部门及职责界定、签署方式和审批流程、移交及执行管理制度、定期复核和调整机制、变更和纠纷处理方式等。企业还需完善业务外包合同的内容，包括合同的适用范围、术语界定、服务的最低标准、外包商人员、技术和设备的配备要求、激励与惩罚机制、考核标准、知识产权及敏感信息保密、是否允许分包、对分包商及第三方造成损害的责任承担、付款方式和时间、纠纷解决机制与法律适用、合同变更终止、解除条件和不可抗力等内容。

2. 操作控制

操作控制主要通过制定和执行一系列操作管理制度来规范系统的使用和操作流程，以确保操作人员遵循既定规程，保证信息系统的正常运行。这一控制机制通常包括建立上机守则、操作手册和日志记录等部分。

（1）上机守则。上机守则是为确保机房安全和秩序所制定的一般性规定，这些规定涵盖了诸如机房进出人员的限制、操作人员进出的时间和手续、操作人员的日常工作性质和范围等。上机守则还规定了对设备损坏赔偿的政策和违纪行为的处罚机制，以及交接班的管理制度。

（2）操作手册。操作手册是一种详细描述和指导计算机业务处理程序及其操作步骤的书面文件，是用户进行上机操作的重要指南和依据。手册内容包括操作流程图、操作命令及其使用方法、各类设备的用途和操作指南、系统登录和退出方法、各模块的功能说明和操作指引、一般故障的处理办法、数据备份与恢复制度、系统的定期检测和维护等。

（3）日志记录。日志记录是对系统各类操作事件的实时记录，能够反映系统的日常工作状况和用户具体的操作过程，体现系统的完备性和可控性。在信息系统的开发和设计过程中，通常采用系统自动生成日志文件的方法来记录重要信息，如用户终端的标识识别、应用程序的调用、存取磁盘的操作和时间、数据修改情况等。管理者通过审查日志文件，可以及时检查系统错误发生的原因，监控非法访问和操作者留下的痕迹，以及撤销不正确的操作，进而有效控制操作风险。

3. 安全控制

安全控制是企业确保信息系统安全运行的一系列重要措施，主要分为物理安全控制、软件安全控制和网络安全控制。

（1）物理安全控制。这部分控制旨在保护信息技术设施和信息载体不受人为干扰和自然灾害的影响。①选择适宜的地理位置放置设施，并实施防火、防水、防盗、防磁等安全措施，购置不间断电源和发电机等电力应急设备。②对机房等重要信息技术设施进行严格的进出控制和实时监控，仅允许授权员工进入，限制外来人员和闲杂人等的进入。③定期清洁机房和设备，确保产生灰尘和其他污染物的作业远离机房，并禁止在机房内进食和饮用饮料。④虽然保险不是物理安全控制的直接手段，但是，作为一种风险转移和损失补偿的有效手段，购买适当的保险同样重要。

（2）软件安全控制。①选择和安装经过验证的安全软件，包括操作系统和数据库管理系统，以及各种应用软件。这需要定期进行软件更新，特别是安装安全补丁，以堵塞可能的漏洞。②指定专门的管理人员负责软件系统的维护和监控，确保对软件的使用和操作有详细的记录，同时限制未经授权的访问。③为防止病毒侵袭，在所有计算机设备上安装防病毒软件，并定期更新其病毒数据库，以保持最新的防护水平。对员工进行计算机安全意识教育，增强他们对病毒威胁的认识。④建立一套处理安全事件和系统故障的机制，这涵盖了对安全事件和故障的报告、响应、处理和后续处罚等方面的规定。为了更有效地分析和处理这些问题，企业还应引入对事件和故障类型、严重程度及造成的经济损失进行定性和定量分析的系统。

（3）网络安全控制。网络安全控制是企业为保护信息系统不受网络攻击影响而实施的措施，主要包括：①实施网络安全监控和入侵测试。网络安全监控能及时发现网络安全隐患并发出报警，而入侵测试则能对网络恶意攻击和非法操作进行实时、主动的跟踪和拦截。②进行网络漏洞扫描。企业应使用漏洞扫描工具及模拟网络攻击技术，及时发现网络漏洞并进行修补。③应用防火墙技术和反病毒软件。防火墙技术作为外部网络与内部网络之间的屏障，能有效阻止外部入侵和非法访问；反病毒软件则提供针对各类计算机病毒的有效防护。④使用加密技术和数字证书。企业应通过对称和非对称加密算法对信息进行加密和解密，保障信息传输的安全、完整和可靠。数字证书则为网络通信双方提供身份认证，确保电子邮件、在线交易等的安全。

4.数据资源控制

在信息系统中，数据资源是企业重要的无形资产，其安全和可靠性是保证企业正常运作和维持竞争优势的关键。数据资源可能面临的主要威胁包括系统内外部人员的非法访问以及由系统故障、误操作或人为破坏导致的数据文件损坏。企业要重视数据的访问控制和备份控制，以管理这些风险。

（1）访问控制。企业应当采取严格的权限管理措施，只允许授权用户访问特定的数据资源，这一过程包括为每位用户分配独特的安全级别和身份认证，通过密码和身份认证系统确保只有授权用户可以接触和访问数据。通过设置特定的用户权限，企业可以根据员工的职位和工作范围限制他们访问数据的范围。企业还需要建立数据库访问日志，以便对系统运行的事件类型、用户身份、操作事件、访问范围等进行实时监控和记录。

（2）备份控制。为了应对系统故障或数据文件受损的情况，企业应制定定期和及时的数据备份制度，并建立备份文件清单。重要文件需要制作多份拷贝，并在不同地点存放，以保证数据的安全。企业还需要定期检查和测试备份介质，并在损坏时立即更换。对于关键的备份介质，企业应实施严格的借阅审批制度，以进一步保障数据的安全性。

参考文献

[1] 周荣辅，王玖河．现代企业管理［M］．北京：机械工业出版社，2012.

[2] 俞明南，易学东，付焕兰．现代企业管理［M］．大连：大连理工大学出版社，2014.

[3] 李皖．现代企业管理［M］．北京：人民交通出版社，2005.

[4] 田占广，冷思平，王明雪．现代企业管理与创新［M］．南昌：江西科学技术出版社，2020.

[5] 丁仁忠，严寿纛．现代企业管理基础［M］．上海：立信会计出版社，2000.

[6] 武刚．信息化管理与运作［M］．北京：中央广播电视大学出版社，2007.

[7] 黎群，万晓．企业战略管理［M］．北京：中国铁道出版社，2000.

[8] 刘日．现代企业财务管理数字化转型的理论框架与应用场景：评《数字化财务：技术赋能＋财务共享＋业财融合＋转型实践》［J］．商业经济研究，2023（22）：193.

[9] 谢媛媛．企业财务管理中资金管理探究与讨论［J］．商场现代化，2023（22）：174–176.

[10] 王雯雯．大数据时代企业财务管理的创新研究［J］．商场现代化，2023（22）：177–179.

[11] 周丹茜．企业人力资源管理信息化建设策略［J］．商场现代化，2023

（22）：75–77.
[12] 冯艳 . 高质量发展下财务管理转型与发展的路径研究 [J]. 财会学习，2023（32）：35–37.
[13] 邓吉云 . 财务共享服务下企业财务管理分析 [J]. 中国集体经济，2023（32）：142–145.
[14] 秦强，张志国，张树辉，等 . 智慧财务建设助力企业财务转型的探讨 [J]. 财政监督，2023（22）：100–104.
[15] 林明榕 . 财务信息化建设对财务内部控制优化的作用及策略 [J]. 中国农业会计，2023，33（22）：91–93.
[16] 解文凯 . 大数据时代企业财务管理信息化建设探索 [J]. 中国农业会计，2023，33（22）：85–87.
[17] 王亚姗 . 企业发展战略与人才管理的协同作用 [J]. 上海企业，2023（11）：81–83.
[18] 刘敬芝，王凌凌 . 平衡计分卡在高新技术企业绩效评价中的应用 [J]. 老字号品牌营销，2023（21）：75–77.
[19] 金朝 . 企业人力资源信息化管理及关键要素创新 [J]. 人才资源开发，2023（21）：91–93.
[20] 党昭 . 信息化背景下企业数字档案馆建设探讨 [J]. 湖北经济学院学报（人文社会科学版），2023，20（11）：70–73.
[21] 柯丽娥 . 企业财务管理目标及企业财务战略分析 [J]. 财会学习，2023（31）：20–22.
[22] 李丽艳 . 探析战略成本管理的企业财务管理 [J]. 商业观察，2023，9（31）：73–76.
[23] 王婷，李淑珍，薛芳 . 数字经济背景下企业管理模式信息化发展策略 [J]. 商业观察，2023，9（31）：93–96.
[24] 周皓 . 人事档案数字化管理面临的现状与对策探析 [J]. 兰台内外，2023（31）：19–21.
[25] 刘小艳 . 加强项目档案科学管理的举措 [J]. 陕西档案，2023（5）：40–41.

[26] 白芮伟 . 基于企业战略管理的人力资源战略规划研究 [J]. 现代商业，2023（20）：104–107.

[27] 应霄鹏 . 企业全面预算管理信息化建设路径探析 [J]. 商业观察，2023，9（30）：117–120.

[28] 李鋆 . 现代管理理念下的化工企业管理模式 [J]. 热固性树脂，2023，38（5）：82–83.

[29] 李璟 . 现代物流经济视角下的企业物流管理措施 [J]. 物流工程与管理，2023，45（6）：111–112，102.

[30] 于迎媚 . 建立管理会计体系助力现代企业高质量发展 [J]. 活力，2023，41（11）：124–126.

[31] 彭君 . 关于企业管理提升企业经济效益有效路径的思考 [J]. 科技经济市场，2023（6）：122–124.

[32] 葛洋 . 大数据时代下企业管理模式的创新路径 [J]. 市场瞭望，2023（10）：67–69.

[33] 刘楠 . 互联网企业业绩评价指标体系的构建与应用：以腾讯公司为例 [D]. 南宁：广西大学，2022.

[34] 刘梦丹 . 信息化赋能下企业“业财融合”管理实践研究：以 TCL 科技为例 [D]. 昆明：云南财经大学，2021.

[35] 王曼 . 互联网企业人力资源管理信息化问题及对策研究：以 S 公司为例 [D]. 北京：对外经济贸易大学，2020.

[36] 张映雪 . 基于知识管理的企业档案信息化发展策略研究：以 D 公司为例 [D]. 天津：天津大学，2018.

[37] 覃天 . 大数据背景下企业档案管理研究 [D]. 哈尔滨：黑龙江大学，2018.

[38] 张莹 . 现代企业人力资源管理信息化应用 [D]. 哈尔滨：黑龙江大学，2012.

[39] 王洋 . 现代企业知识管理信息化落地模式探究 [D]. 北京：北京邮电大学，2012.

[40] 蔡正焱 . 我国企业财务管理信息化研究 [D]. 苏州：苏州大学，2009.

[41] 施展 . 企业人力资源管理信息化的理论与应用研究 [D]. 成都：四川大学，2007.

[42] 徐世星 . 集团企业集中式财务管理信息化理论与实现 [D]. 济南：山东师范大学，2005.

[43] 周劲梅 . 信息技术和现代企业管理创新 [D]. 桂林：广西师范大学，2003.

[44] 陈林 . 人本管理：现代企业管理的人学理念 [D]. 延安：延安大学，2013.